城市客运企业主要负责人和安全生产管理人员安全考核真题解析

(城市公共汽电车篇)

交通运输部科学研究院 编

人民交通出版社股份有限公司
北　京

内 容 提 要

本书根据2022年交通运输部印发的《城市客运企业主要负责人和安全生产管理人员安全考核管理办法》《城市客运企业主要负责人和安全生产管理人员安全考核大纲》《城市客运企业主要负责人和安全生产管理人员安全考核基础题库》进行编写。全书系统梳理了城市客运企业主要负责人和安全生产管理人员安全考核基础题库中城市公共汽电车相关题目的出题依据和来源，并依据相关法律法规、规范性文件和标准对题目进行了全方位解析。

本书适合城市公共汽电车客运企业主要负责人和安全生产管理人员学习使用。

图书在版编目(CIP)数据

城市客运企业主要负责人和安全生产管理人员安全考核真题解析.城市公共汽电车篇/交通运输部科学研究院编.—北京：人民交通出版社股份有限公司，2022.12

ISBN 978-7-114-18381-2

Ⅰ.①城… Ⅱ.①交… Ⅲ.①城市运输—旅客运输—安全生产—中国—考核—题解②公共汽车—城市运输—安全生产—中国—考核—题解 Ⅳ.①F572.6-44

中国版本图书馆 CIP 数据核字(2022)第 244640 号

书　　名：城市客运企业主要负责人和安全生产管理人员安全考核真题解析(城市公共汽电车篇)
著　作　者：交通运输部科学研究院
责任编辑：杨丽改
责任校对：赵媛媛　魏佳宁
责任印制：张　凯
出版发行：人民交通出版社股份有限公司
地　　址：(100011)北京市朝阳区安定门外外馆斜街 3 号
网　　址：http://www.ccpcl.com.cn
销售电话：(010)59757973
总　经　销：人民交通出版社股份有限公司发行部
经　　销：各地新华书店
印　　刷：北京虎彩文化传播有限公司
开　　本：787×1092　1/16
印　　张：11.5
字　　数：241 千
版　　次：2022 年 12 月　第 1 版
印　　次：2022 年 12 月　第 1 次印刷
书　　号：ISBN 978-7-114-18381-2
定　　价：49.00 元

(有印刷、装订质量问题的图书，由本公司负责调换)

编 写 组

主　编：陈徐梅

副主编：赵　汕　杨新征

组　员：高　畅　吴忠宜　刘晓菲　宜毛毛　李振宇

　　　　刘向龙　李　超　张晓笛　安　晶　杜云柯

　　　　刘　洋　路　熙　周　康　宋伟男　尹怡晓

　　　　郝　萌　崔占伟　尹志芳

前　言

近年来,交通运输行业始终把交通运输安全摆在各项工作的首位,把人民群众生命安全放在第一位,坚持安全第一、预防为主、综合治理,有力地推动了我国交通运输安全生产形势持续稳定向好。但同时,城市客运领域安全生产事故依然时有发生,暴露出有关企业安全生产主体责任落实不到位、对驾驶员等从业人员安全生产教育培训不合格、驾驶员应急处置能力不适应、车辆隐患排查不彻底等问题。其中,城市客运企业主要负责人和安全生产管理人员对于安全管理工作水平高低起决定性作用。

2021 年,第三次修正的《安全生产法》第二十七条将"道路运输单位"调整为"运输单位",要求运输单位主要负责人和安全生产管理人员应当由主管的负有安全生产监督管理职责的部门对其安全生产知识和管理能力考核合格,考核不得收费。为贯彻落实新《安全生产法》有关规定,组织开展好运输企业主要负责人和安全生产管理人员安全考核工作,交通运输部决定规范城市客运企业主要负责人和安全生产管理人员的安全考核工作。2022 年 11 月,交通运输部印发了《城市客运企业主要负责人和安全生产管理人员安全考核管理办法》《城市客运企业主要负责人和安全生产管理人员安全考核大纲》(以下简称《考核大纲》)和《城市客运企业主要负责人和安全生产管理人员安全考核基础题库》(以下简称《题库》)。

为了帮助城市公共汽电车客运企业主要负责人和安全生产管理人员更好地掌握安全考核题目和相关知识点,我们紧扣《考核大纲》和《题库》,系统梳理了城市客运企业主要负责人和安全生产管理人员安全考核基础题库中城市公共汽电车相关题目的出题依据和来源,依据相关法律法规、规范性文件和标准对题目进行了全方位解析。

在编写过程中,由于作者水平有限,书中难免有不妥之处,敬请有关专家、学者和从事城市公共汽电车行业的工作者批评指正,以便完善。

编　者

2022 年 11 月

目 录

第一部分 城市公共汽电车企业主要负责人和安全生产管理人员
安全考核真题解析 ………………………………………………… 1

第二部分 城市客运企业主要负责人和安全生产管理人员
安全考核管理办法 ……………………………………………… 163

第一部分

城市公共汽电车企业主要负责人和安全生产管理人员安全考核真题解析

一、单选题

1.依据《中华人民共和国道路交通安全法》,国家对机动车实行( )。机动车经公安机关交通管理部门登记后,方可上道路行驶。尚未登记的机动车,需要临时上道路行驶的,应当取得临时通行牌证。

  A.登记制度   B.备案制度   C.报备制度   D.存档制度

正确答案:A

【试题解析】

《中华人民共和国道路交通安全法》第八条是关于国家对机动车实行登记制度和机动车合法上道路行驶的前提条件的规定。

"第八条 国家对机动车实行登记制度。机动车经公安机关交通管理部门登记后,方可上道路行驶。尚未登记的机动车,需要临时上道路行驶的,应当取得临时通行牌证。"

故本题选A。

2.依据《中华人民共和国道路交通安全法》,准予登记的机动车应当符合机动车国家安全技术标准。申请机动车登记时,应当接受对该机动车的( )。

  A.安全技能检验   B.安全水平检验

  C.安全管理检验   D.安全技术检验

正确答案:D

【试题解析】

《中华人民共和国道路交通安全法》第十条是关于国家机动车登记制度的规定,也是对机动车安全技术检验的具体规定。

"第十条 准予登记的机动车应当符合机动车国家安全技术标准。申请机动车登记时,应当接受对该机动车的安全技术检验。但是,经国家机动车产品主管部门依据机动车国家安全技术标准认定的企业生产的机动车型,该车型的新车在出厂时经检验符合机动车国家安全技术标准,获得检验合格证的,免予安全技术检验。"

故本题选D。

3.依据《中华人民共和国道路交通安全法》,机动车号牌应当按照规定悬挂并保持清晰、完整,不得故意( )。

  A.遮挡   B.污损   C.遮挡、污损   D.遮挡或污损

正确答案:C

【试题解析】

《中华人民共和国道路交通安全法》第十一条是关于国家机动车检验制度的规定,也是对上道路行驶机动车悬挂机动车号牌的具体要求。

"第十一条 驾驶机动车上道路行驶,应当悬挂机动车号牌,放置检验合格标志、保险标志,并随车携带机动车行驶证。

"机动车号牌应当按照规定悬挂并保持清晰、完整,不得故意遮挡、污损。

"……"

故本题选 C。

4. 依据《中华人民共和国道路交通安全法》,驾驶机动车上道路行驶,应当悬挂机动车号牌,放置( )、保险标志,并随车携带机动车行驶证。

　　A. 检验合格标志　　B. 安全标志　　C. 环保标志　　D. 年检标志

正确答案:A

【试题解析】

《中华人民共和国道路交通安全法》第十一条是关于国家机动车检验制度的规定,也是对上道路行驶机动车需携带证照等的具体要求。

"第十一条　驾驶机动车上道路行驶,应当悬挂机动车号牌,放置检验合格标志、保险标志,并随车携带机动车行驶证。

"机动车号牌应当按照规定悬挂并保持清晰、完整,不得故意遮挡、污损。

"……"

故本题选 A。

5. 依据《中华人民共和国道路交通安全法》,对登记后上道路行驶的机动车,应当依照法律、行政法规的规定,根据车辆用途、载客载货数量、使用年限等不同情况,定期进行( )。

　　A. 安全技能检验　　　　　　B. 安全水平检验
　　C. 安全管理检验　　　　　　D. 安全技术检验

正确答案:D

【试题解析】

《中华人民共和国道路交通安全法》第十三条是关于国家机动车检验制度的规定,也是对机动车需定期进行安全技术检验的规定。

"第十三条　对登记后上道路行驶的机动车,应当依照法律、行政法规的规定,根据车辆用途、载客载货数量、使用年限等不同情况,定期进行安全技术检验。对提供机动车行驶证和机动车第三者责任强制保险单的,机动车安全技术检验机构应当予以检验,任何单位不得附加其他条件。对符合机动车国家安全技术标准的,公安机关交通管理部门应当发给检验合格标志。

"……"

故本题选 D。

6. 依据《中华人民共和国道路交通安全法》,国家实行机动车( ),根据机动车的安全技术状况和不同用途,规定不同的报废标准。

　　A. 报废处理制度　　　　　　B. 车辆报废制度
　　C. 强制报废制度　　　　　　D. 报废登记制度

正确答案:C

【试题解析】

《中华人民共和国道路交通安全法》第十四条是关于车辆报废的管理规定。

"第十四条 国家实行机动车强制报废制度,根据机动车的安全技术状况和不同用途,规定不同的报废标准。

"……"

故本题选 C。

7.依据《中华人民共和国道路交通安全法》,应当报废的机动车必须及时办理(   )。

  A.注销登记   B.备案登记   C.登记   D.登记手续

正确答案:A

【试题解析】

《中华人民共和国道路交通安全法》第十四条是关于车辆报废的管理规定。

"第十四条 ……

"应当报废的机动车必须及时办理注销登记。

"……"

故本题选 A。

8.依据《中华人民共和国道路交通安全法》,报废的大型客、货车及其他营运车辆应当在(   )的监督下解体。

  A.公安机关交通管理部门   B.交通管理部门

  C.应急管理部门   D.公安管理部门

正确答案:A

【试题解析】

《中华人民共和国道路交通安全法》第十四条是关于车辆报废的管理规定。

"第十四条 ……

"达到报废标准的机动车不得上道路行驶。报废的大型客、货车及其他营运车辆应当在公安机关交通管理部门的监督下解体。"

故本题选 A。

9.依据《中华人民共和国道路交通安全法》,任何单位或者个人不得(   )机动车或者擅自改变机动车已登记的结构、构造或者特征。

  A.拼装   B.改装   C.伪装   D.改变

正确答案:A

【试题解析】

《中华人民共和国道路交通安全法》第十六条是关于国家机动车检验制度的规定。

"第十六条 任何单位或者个人不得有下列行为:

"(一)拼装机动车或者擅自改变机动车已登记的结构、构造或者特征;

"……"

故本题选 A。

10.依据《中华人民共和国道路交通安全法》,任何单位或者个人不得(   )机动车型号、发动机号、车架号或者车辆识别代号。

A.改变　　　　B.变更　　　　C.改造　　　　D.伪造

正确答案:A

【试题解析】

《中华人民共和国道路交通安全法》第十六条是关于国家机动车检验制度的规定。

"第十六条　任何单位或者个人不得有下列行为:

"……

"(二)改变机动车型号、发动机号、车架号或者车辆识别代号;

"……"

故本题选 A。

11.依据《中华人民共和国道路交通安全法》,任何单位或者个人不得(　　)机动车登记证书、号牌、行驶证、检验合格标志、保险标志。

A.伪造　　　　B.变造　　　　C.伪造、变造　　　　D.伪造、改造

正确答案:C

【试题解析】

《中华人民共和国道路交通安全法》第十六条是关于国家机动车检验制度的规定。

"第十六条　任何单位或者个人不得有下列行为:

"……

"(三)伪造、变造或者使用伪造、变造的机动车登记证书、号牌、行驶证、检验合格标志、保险标志;

"……"

故本题选 C。

12.依据《中华人民共和国道路交通安全法》,任何单位或者个人不得(　　)其他机动车的登记证书、号牌、行驶证、检验合格标志、保险标志。

A.使用　　　　B.乱用　　　　C.滥用　　　　D.误用

正确答案:A

【试题解析】

《中华人民共和国道路交通安全法》第十六条是关于国家机动车检验制度的规定。

"第十六条　任何单位或者个人不得有下列行为:

"……

"(四)使用其他机动车的登记证书、号牌、行驶证、检验合格标志、保险标志。"

故本题选 A。

13.依据《中华人民共和国道路交通安全法》,国家实行机动车(　　),设立道路交通事故社会救助基金。

A.第三者责任保险制度

B. 第三者责任强制保险制度

C. 强制保险制度

D. 保险制度

正确答案：B

【试题解析】

《中华人民共和国道路交通安全法》第十七条是关于机动车交通事故强制责任保险制度的规定。

"第十七条　国家实行机动车第三者责任强制保险制度，设立道路交通事故社会救助基金。具体办法由国务院规定。"

故本题选 B。

14. 依据《中华人民共和国道路交通安全法》，驾驶机动车，应当依法取得机动车驾驶证。申请机动车驾驶证，应当符合国务院公安部门规定的驾驶许可条件；经考试合格后，由公安机关交通管理部门发给（　　）的机动车驾驶证。

　　A. 相应级别　　　　B. 相应等级　　　　C. 相应类型　　　　D. 相应类别

正确答案：D

【试题解析】

《中华人民共和国道路交通安全法》第十九条是关于机动车驾驶证管理制度的规定，也是对申请机动车驾驶证的具体要求。

"第十九条　驾驶机动车，应当依法取得机动车驾驶证。

"申请机动车驾驶证，应当符合国务院公安部门规定的驾驶许可条件；经考试合格后，由公安机关交通管理部门发给相应类别的机动车驾驶证。

"……"

故本题选 D。

15. 依据《中华人民共和国道路交通安全法》，驾驶人驾驶机动车上道路行驶前，应当对机动车的（　　）进行认真检查。

　　A. 安全性能　　　　B. 安全设施　　　　C. 安全技术性能　　　　D. 安全技术

正确答案：C

【试题解析】

《中华人民共和国道路交通安全法》第二十一条是对驾驶人驾驶机动车上道路行驶前对车辆安全技术性能检查的具体要求。

"第二十一条　驾驶人驾驶机动车上道路行驶前，应当对机动车的安全技术性能进行认真检查；不得驾驶安全设施不全或者机件不符合技术标准等具有安全隐患的机动车。"

故本题选 C。

16. 依据《中华人民共和国道路交通安全法》，驾驶人不得驾驶安全设施不全或者机件不符合技术标准等具有（　　）的机动车。

A. 安全风险　　　　B. 安全问题　　　　C. 安全隐患　　　　D. 安全故障

正确答案：C

【试题解析】

《中华人民共和国道路交通安全法》第二十一条是对驾驶人驾驶合规机动车上道路行驶的具体要求。

"第二十一条　驾驶人驾驶机动车上道路行驶前,应当对机动车的安全技术性能进行认真检查;不得驾驶安全设施不全或者机件不符合技术标准等具有安全隐患的机动车。"

故本题选 C。

17.依据《中华人民共和国道路交通安全法》,(　　),或者患有妨碍安全驾驶机动车的疾病,或者过度疲劳影响安全驾驶的,不得驾驶机动车。

　　A. 饮酒、服用国家管制的精神药品或者麻醉药品
　　B. 饮酒、服用国家管制的精神药品
　　C. 饮酒、服用国家管制的麻醉药品
　　D. 饮酒、服用精神药品或者麻醉药品

正确答案：A

【试题解析】

《中华人民共和国道路交通安全法》第二十二条是关于驾驶人守法驾驶的规定,也是对驾驶人驾驶机动车的具体要求。

"第二十二条　……

"饮酒、服用国家管制的精神药品或者麻醉药品,或者患有妨碍安全驾驶机动车的疾病,或者过度疲劳影响安全驾驶的,不得驾驶机动车。

"……"

故本题选 A。

18.依据《中华人民共和国道路交通安全法》,任何人不得(　　)驾驶人违反道路交通安全法律、法规和机动车安全驾驶要求驾驶机动车。

　　A. 强迫　　　　　B. 指使　　　　　C. 纵容　　　　　D. 强迫、指使、纵容

正确答案：D

【试题解析】

《中华人民共和国道路交通安全法》第二十二条是关于驾驶人守法驾驶的规定,也是对驾驶人驾驶机动车的具体要求。

"第二十二条　……

"任何人不得强迫、指使、纵容驾驶人违反道路交通安全法律、法规和机动车安全驾驶要求驾驶机动车。"

故本题选 D。

19.依据《中华人民共和国道路交通安全法》,夜间行驶或者在容易发生危险的路段行

驶,以及遇有沙尘、冰雹、雨、雪、雾、结冰等气象条件时,应当(　　)行驶速度。

　　A.降低　　　　　B.加快　　　　　C.保持　　　　　D.调整

正确答案:A

【试题解析】

《中华人民共和国道路交通安全法》第四十二条是机动车通行的规定,也是在不同道路环境和气象条件下对驾驶人降低行驶速度的具体要求。

"第四十二条　机动车上道路行驶,不得超过限速标志标明的最高时速。在没有限速标志的路段,应当保持安全车速。

"夜间行驶或者在容易发生危险的路段行驶,以及遇有沙尘、冰雹、雨、雪、雾、结冰等气象条件时,应当降低行驶速度。"

故本题选 A。

20.依据《中华人民共和国道路交通安全法》,机动车通过没有交通信号灯、交通标志、交通标线或者交通警察指挥的交叉路口时,应当(　　),并让行人和优先通行的车辆先行。

　　A.减速慢行　　　B.缓慢通行　　　C.加速通行　　　D.匀速通行

正确答案:A

【试题解析】

《中华人民共和国道路交通安全法》第四十四条是机动车通行的规定,也是在不同道路条件下对驾驶人减速慢行的具体要求。

"第四十四条　机动车通过交叉路口,应当按照交通信号灯、交通标志、交通标线或者交通警察的指挥通过;通过没有交通信号灯、交通标志、交通标线或者交通警察指挥的交叉路口时,应当减速慢行,并让行人和优先通行的车辆先行。"

故本题选 A。

21.依据《中华人民共和国道路交通安全法》,在车道减少的路段、路口,或者在没有交通信号灯、交通标志、交通标线或者交通警察指挥的交叉路口遇到停车排队等候或者缓慢行驶时,机动车应当(　　)。

　　A.依次交替通行　　B.迅速通行　　　C.慢速通行　　　D.借道通行

正确答案:A

【试题解析】

《中华人民共和国道路交通安全法》第四十五条是机动车通行规定,也是在不同路况下对机动车通行的具体要求。

"第四十五条　……

"在车道减少的路段、路口,或者在没有交通信号灯、交通标志、交通标线或者交通警察指挥的交叉路口遇到停车排队等候或者缓慢行驶时,机动车应当依次交替通行。"

故本题选 A。

22.依据《中华人民共和国道路交通安全法》,机动车遇有前方车辆停车排队等候或者缓慢行驶时,不得借道( )或者占用对面车道。

　　A. 停车　　　　　B. 等车　　　　　C. 拦车　　　　　D. 超车

正确答案:D

【试题解析】

《中华人民共和国道路交通安全法》第四十五条是机动车通行规定,也是在不同交通状态下对机动车停车排队等候或者缓慢行驶的具体要求。

"第四十五条　机动车遇有前方车辆停车排队等候或者缓慢行驶时,不得借道超车或者占用对面车道,不得穿插等候的车辆。

"……"

故本题选 D。

23. 依据《中华人民共和国道路交通安全法》,机动车遇有前方车辆停车排队等候或者缓慢行驶时,不得穿插( )车辆。

　　A. 旁边的　　　　B. 后面的　　　　C. 前面的　　　　D. 等候的

正确答案:D

【试题解析】

《中华人民共和国道路交通安全法》第四十五条是机动车通行规定,也是在不同交通状态下对机动车停车排队等候或者缓慢行驶的具体要求。

"第四十五条　机动车遇有前方车辆停车排队等候或者缓慢行驶时,不得借道超车或者占用对面车道,不得穿插等候的车辆。

"……"

故本题选 D。

24. 依据《中华人民共和国道路交通安全法》,机动车通过铁路道口时,铁路通口没有交通信号或者管理人员的,应当( ),在确认安全后通过。

　　A. 减速　　　　　B. 减速或者停车　　C. 停车　　　　　D. 加速

正确答案:B

【试题解析】

《中华人民共和国道路交通安全法》第四十六条是机动车通行规定,也是在不同路况下对机动车通过铁路道口的具体要求。

"第四十六条　机动车通过铁路道口时,应当按照交通信号或者管理人员的指挥通行;没有交通信号或者管理人员的,应当减速或者停车,在确认安全后通过。"

故本题选 B。

25. 依据《中华人民共和国道路交通安全法》,机动车通过铁路道口时,应当按照( )的指挥通行。

　　A. 交通信号　　　　　　　　　　B. 管理人员
　　C. 交通信号或者管理人员　　　　D. 交通信号和管理人员

正确答案:C

【试题解析】

《中华人民共和国道路交通安全法》第四十六条是机动车通行规定,也是对机动车通过铁路道口的具体要求。

"第四十六条 机动车通过铁路道口时,应当按照交通信号或者管理人员的指挥通行;没有交通信号或者管理人员的,应当减速或者停车,在确认安全后通过。"

故本题选 C。

26. 依据《中华人民共和国道路交通安全法》,机动车行经人行横道时,应当(　　)。

　　A. 加速行驶　　B. 减速行驶　　C. 绕道行驶　　D. 正常行驶

正确答案:B

【试题解析】

《中华人民共和国道路交通安全法》第四十七条是机动车通行规定,也是对机动车行经人行横道的具体要求。

"第四十七条 机动车行经人行横道时,应当减速行驶;遇行人正在通过人行横道,应当停车让行。"

"机动车行经没有交通信号的道路时,遇行人横过道路,应当避让。"

故本题选 B。

27. 依据《中华人民共和国道路交通安全法》,机动车行经人行横道时,遇行人正在通过人行横道,应当(　　)。

　　A. 加速行驶　　B. 减速行驶　　C. 停车让行　　D. 正常行驶

正确答案:C

【试题解析】

《中华人民共和国道路交通安全法》第四十七条是机动车通行规定,也是对机动车行经人行横道的具体要求。

"第四十七条 机动车行经人行横道时,应当减速行驶;遇行人正在通过人行横道,应当停车让行。"

"机动车行经没有交通信号的道路时,遇行人横过道路,应当避让。"

故本题选 C。

28. 依据《中华人民共和国道路交通安全法》,机动车行经没有交通信号的道路时,遇行人横过道路,应当(　　)。

　　A. 加速行驶　　B. 减速行驶　　C. 避让　　D. 正常行驶

正确答案:C

【试题解析】

《中华人民共和国道路交通安全法》第四十七条是机动车通行规定,也是对机动车行经人行横道的具体要求。

"第四十七条 机动车行经人行横道时,应当减速行驶;遇行人正在通过人行横道,应当停车让行。

"机动车行经没有交通信号的道路时,遇行人横过道路,应当避让。"

故本题选C。

29.依据《中华人民共和国道路交通安全法》,机动车在道路上发生故障,需要停车排除故障时,驾驶人应当立即开启( ),将机动车移至不妨碍交通的地方停放。

A.危险报警闪光灯　　　　　　B.远光灯
C.近光灯　　　　　　　　　　D.转向灯

正确答案:A

【试题解析】

《中华人民共和国道路交通安全法》第五十二条是机动车通行规定,也是对机动车在道路上发生故障后处理方式的具体要求。

"第五十二条 机动车在道路上发生故障,需要停车排除故障时,驾驶人应当立即开启危险报警闪光灯,将机动车移至不妨碍交通的地方停放;难以移动的,应当持续开启危险报警闪光灯,并在来车方向设置警告标志等措施扩大示警距离,必要时迅速报警。"

故本题选A。

30.依据《中华人民共和国道路交通安全法》,机动车在道路上发生故障,难以移动的,应当持续开启危险报警闪光灯,并在来车方向设置警告标志等措施扩大示警距离,必要时( )。

A.向上级报警　　B.迅速报警　　C.向单位反映　　D.向部门救助

正确答案:B

【试题解析】

《中华人民共和国道路交通安全法》第五十二条是机动车通行规定,也是对机动车在道路上发生故障后处理方式的具体要求。

"第五十二条 机动车在道路上发生故障,需要停车排除故障时,驾驶人应当立即开启危险报警闪光灯,将机动车移至不妨碍交通的地方停放;难以移动的,应当持续开启危险报警闪光灯,并在来车方向设置警告标志等措施扩大示警距离,必要时迅速报警。"

故本题选B。

31.依据《中华人民共和国道路交通安全法》,机动车在高速公路上发生故障时,应当依照本法第五十二条的有关规定办理;但是,警告标志应当设置在故障车( )一百五十米以外,车上人员应当迅速转移到右侧路肩上或者应急车道内,并且迅速报警。

A.车前　　　　B.路边　　　　C.道路中心　　　　D.来车方向

正确答案:D

【试题解析】

《中华人民共和国道路交通安全法》第六十八条是机动车在高速公路通行的特别规定,也是对机动车在高速公路上发生故障后处理方式的具体要求。

"第六十八条 机动车在高速公路上发生故障时,应当依照本法第五十二条的有关规定办理;但是,警告标志应当设置在故障车来车方向一百五十米以外,车上人员应当迅速转移到右侧路肩上或者应急车道内,并且迅速报警。

"……"

故本题选 D。

32.依据《中华人民共和国道路交通安全法》,机动车在高速公路上发生故障或者交通事故,无法正常行驶的,应当由( )拖曳、牵引。

  A.救援车   B.清障车   C.警车   D.救援车、清障车

正确答案:D

【试题解析】

《中华人民共和国道路交通安全法》第六十八条是机动车在高速公路通行的特别规定,也是对机动车在高速公路上发生故障后处理方式的具体要求。

"第六十八条 ……

"机动车在高速公路上发生故障或者交通事故,无法正常行驶的,应当由救援车、清障车拖曳、牵引。"

故本题选 D。

33.依据《中华人民共和国道路交通安全法》,在道路上发生交通事故,车辆驾驶人应当( );造成人身伤亡的,车辆驾驶人应当立即抢救受伤人员,并迅速报告执勤的交通警察或者公安机关交通管理部门。因抢救受伤人员变动现场的,应当标明位置。

  A.立即停车,保护现场   B.立即停车,撤离现场
  C.靠边停车,保护现场   D.靠边停车,撤离现场

正确答案:A

【试题解析】

《中华人民共和国道路交通安全法》第七十条是关于交通事故处理原则的规定,也是对车辆驾驶人在道路上发生交通事故后处理方式的具体要求。

"第七十条 在道路上发生交通事故,车辆驾驶人应当立即停车,保护现场;造成人身伤亡的,车辆驾驶人应当立即抢救受伤人员,并迅速报告执勤的交通警察或者公安机关交通管理部门。因抢救受伤人员变动现场的,应当标明位置。乘车人、过往车辆驾驶人、过往行人应当予以协助。

"……"

故本题选 A。

34.依据《中华人民共和国道路交通安全法》,在道路上发生交通事故,未造成人身伤亡,当事人对事实及成因无争议的,可以( ),恢复交通,自行协商处理损害赔偿事宜;不即行撤离现场的,应当迅速报告执勤的交通警察或者公安机关交通管理部门。

  A.即行撤离现场   B.靠边停车,撤离现场

C. 撤离现场　　　　　　　　　　D. 靠边停车

正确答案：A

【试题解析】

《中华人民共和国道路交通安全法》第七十条是关于交通事故处理原则的规定，也是对当事人在道路上发生交通事故后的处理方式的具体要求。

"第七十条 ……

"在道路上发生交通事故，未造成人身伤亡，当事人对事实及成因无争议的，可以即行撤离现场，恢复交通，自行协商处理损害赔偿事宜；不即行撤离现场的，应当迅速报告执勤的交通警察或者公安机关交通管理部门。

"……"

故本题选A。

35. 依据《中华人民共和国道路交通安全法》，在道路上发生交通事故，仅造成轻微财产损失，并且基本事实清楚的，当事人应当(　　)。

　　A. 立即停车进行协商处理　　　　B. 先撤离现场再进行协商处理
　　C. 靠边停车进行协商处理　　　　D. 停车进行协商处理

正确答案：B

【试题解析】

《中华人民共和国道路交通安全法》第七十条是关于交通事故处理原则的规定，也是对当事人在道路上发生交通事故后处理方式的具体要求。

"第七十条 ……

"在道路上发生交通事故，仅造成轻微财产损失，并且基本事实清楚的，当事人应当先撤离现场再进行协商处理。"

故本题选B。

36. 依据《中华人民共和国道路交通安全法》，车辆发生交通事故后逃逸的，事故现场目击人员和其他知情人员应当向公安机关交通管理部门或者交通警察(　　)。

　　A. 投诉　　　　B. 告知　　　　C. 举报　　　　D. 报告

正确答案：C

【试题解析】

《中华人民共和国道路交通安全法》第七十一条是关于交通事故处理原则的规定，也是对交通逃逸事故现场目击人员和其他知情人员的具体要求。

"第七十一条　车辆发生交通事故后逃逸的，事故现场目击人员和其他知情人员应当向公安机关交通管理部门或者交通警察举报。举报属实的，公安机关交通管理部门应当给予奖励。"

故本题选C。

37. 依据《中华人民共和国道路交通安全法》，对交通事故损害赔偿的争议，当事人可以请求公安机关交通管理部门调解,也可以直接向人民法院提起(   )。

　　A.行政诉讼　　　　B.刑事诉讼　　　　C.民事诉讼　　　　D.经济诉讼

正确答案:C

【试题解析】

《中华人民共和国道路交通安全法》第七十四条是关于交通事故损害赔偿原则的规定,也是对当事人对交通事故损害赔偿存在争议处理方式的具体要求。

"第七十四条　对交通事故损害赔偿的争议,当事人可以请求公安机关交通管理部门调解,也可以直接向人民法院提起民事诉讼。

"经公安机关交通管理部门调解,当事人未达成协议或者调解书生效后不履行的,当事人可以向人民法院提起民事诉讼。"

故本题选 C。

38.依据《中华人民共和国道路交通安全法》,机动车发生交通事故造成人身伤亡、财产损失的,由保险公司在机动车第三者责任强制保险责任限额范围内予以赔偿;不足的部分,若是机动车之间发生交通事故的,由(   )承担赔偿责任。

　　A.过错多的一方　　　　　　　　B.过错少的一方
　　C.有过错的一方　　　　　　　　D.双方

正确答案:C

【试题解析】

《中华人民共和国道路交通安全法》第七十六条是关于交通事故损害赔偿原则的规定,也是对机动车发生交通事故造成人身伤亡、财产损失的赔偿责任的具体规定。

"第七十六条　机动车发生交通事故造成人身伤亡、财产损失的,由保险公司在机动车第三者责任强制保险责任限额范围内予以赔偿;不足的部分,按照下列规定承担赔偿责任:

"(一)机动车之间发生交通事故的,由有过错的一方承担赔偿责任;双方都有过错的,按照各自过错的比例分担责任。

"……"

故本题选 C。

39.依据《中华人民共和国道路交通安全法》,机动车发生交通事故造成人身伤亡、财产损失的,由保险公司在机动车第三者责任强制保险责任限额范围内予以赔偿;不足的部分,若是机动车之间发生交通事故的,双方都有过错的,按照(   )责任。

　　A.过错多的一方承担　　　　　　B.过错少的一方承担
　　C.双方共同　　　　　　　　　　D.各自过错的比例分担

正确答案:D

【试题解析】

《中华人民共和国道路交通安全法》第七十六条是关于交通事故损害赔偿原则的规定,也是对机动车发生交通事故造成人身伤亡、财产损失的赔偿责任的具体规定。

"第七十六条　机动车发生交通事故造成人身伤亡、财产损失的,由保险公司在机动车第三者责任强制保险责任限额范围内予以赔偿;不足的部分,按照下列规定承担赔偿责任:

"(一)机动车之间发生交通事故的,由有过错的一方承担赔偿责任;双方都有过错的,按照各自过错的比例分担责任。

"……"

故本题选 D。

40.依据《中华人民共和国道路交通安全法》,机动车发生交通事故造成人身伤亡、财产损失的,由保险公司在机动车第三者责任强制保险责任限额范围内予以赔偿;不足的部分,若是机动车与非机动车驾驶人、行人之间发生交通事故,非机动车驾驶人、行人没有过错的,由(　　)承担赔偿责任。

　　A.机动车一方　　　　　　　B.双方
　　C.过错方　　　　　　　　　D.过错多的乙方

正确答案:A

【试题解析】

《中华人民共和国道路交通安全法》第七十六条是关于交通事故损害赔偿原则的规定,也是对机动车发生交通事故造成人身伤亡、财产损失的赔偿责任的具体规定。

"第七十六条　机动车发生交通事故造成人身伤亡、财产损失的,由保险公司在机动车第三者责任强制保险责任限额范围内予以赔偿;不足的部分,按照下列规定承担赔偿责任:

"……

"(二)机动车与非机动车驾驶人、行人之间发生交通事故,非机动车驾驶人、行人没有过错的,由机动车一方承担赔偿责任;有证据证明非机动车驾驶人、行人有过错的,根据过错程度适当减轻机动车一方的赔偿责任;机动车一方没有过错的,承担不超过百分之十的赔偿责任。

"交通事故的损失是由非机动车驾驶人、行人故意碰撞机动车造成的,机动车一方不承担赔偿责任。"

故本题选 A。

41.依据《中华人民共和国道路交通安全法》,机动车发生交通事故造成人身伤亡、财产损失的,由保险公司在机动车第三者责任强制保险责任限额范围内予以赔偿;不足的部分,若是机动车与非机动车驾驶人、行人之间发生交通事故,有证据证明非机动车驾驶人、行人有过错的,根据过错程度(　　)机动车一方的赔偿责任。

　　A.适当减轻　　B.酌情考虑　　C.适当增加　　D.减轻

正确答案:A

【试题解析】

《中华人民共和国道路交通安全法》第七十六条是关于交通事故损害赔偿原则的规定,也是对机动车发生交通事故造成人身伤亡、财产损失的赔偿责任的具体规定。

"第七十六条 机动车发生交通事故造成人身伤亡、财产损失的,由保险公司在机动车第三者责任强制保险责任限额范围内予以赔偿;不足的部分,按照下列规定承担赔偿责任:

"……

"(二)机动车与非机动车驾驶人、行人之间发生交通事故,非机动车驾驶人、行人没有过错的,由机动车一方承担赔偿责任;有证据证明非机动车驾驶人、行人有过错的,根据过错程度适当减轻机动车一方的赔偿责任;机动车一方没有过错的,承担不超过百分之十的赔偿责任。

"交通事故的损失是由非机动车驾驶人、行人故意碰撞机动车造成的,机动车一方不承担赔偿责任。"

故本题选 A。

42.依据《中华人民共和国道路交通安全法》,机动车发生交通事故造成人身伤亡、财产损失的,由保险公司在机动车第三者责任强制保险责任限额范围内予以赔偿;不足的部分,若是机动车与非机动车驾驶人、行人之间发生交通事故,机动车一方没有过错的,承担(　　)的赔偿责任。

A.不超过百分之二　　　　　　B.不超过百分之三
C.不超过百分之五　　　　　　D.不超过百分之十

正确答案:D

【试题解析】

《中华人民共和国道路交通安全法》第七十六条是关于交通事故损害赔偿原则的规定,也是对机动车发生交通事故造成人身伤亡、财产损失的赔偿责任的具体规定。

"第七十六条 机动车发生交通事故造成人身伤亡、财产损失的,由保险公司在机动车第三者责任强制保险责任限额范围内予以赔偿;不足的部分,按照下列规定承担赔偿责任:

"……

"(二)机动车与非机动车驾驶人、行人之间发生交通事故,非机动车驾驶人、行人没有过错的,由机动车一方承担赔偿责任;有证据证明非机动车驾驶人、行人有过错的,根据过错程度适当减轻机动车一方的赔偿责任;机动车一方没有过错的,承担不超过百分之十的赔偿责任。

"……"

故本题选 D。

43.依据《中华人民共和国道路交通安全法》,交通事故的损失是由非机动车驾驶人、行人故意碰撞机动车造成的,机动车一方(　　)赔偿责任。

A.不承担　　　B.承担部分　　　C.承担一定　　　D.承担全部

正确答案:A

【试题解析】

《中华人民共和国道路交通安全法》第七十六条是关于交通事故损害赔偿原则的规定,也是对机动车发生交通事故造成人身伤亡、财产损失的赔偿责任的具体规定。

"第七十六条 机动车发生交通事故造成人身伤亡、财产损失的,由保险公司在机动车第三者责任强制保险责任限额范围内予以赔偿;不足的部分,按照下列规定承担赔偿责任:

"……

"交通事故的损失是由非机动车驾驶人、行人故意碰撞机动车造成的,机动车一方不承担赔偿责任。"

故本题选 A。

44.依据《中华人民共和国道路交通安全法》,对道路交通安全违法行为的处罚种类包括:( )、暂扣或者吊销机动车驾驶证、拘留。

    A.警告   B.罚款   C.警告、罚款   D.批评

正确答案:C

【试题解析】

《中华人民共和国道路交通安全法》第八十八条是关于道路交通安全行政处罚的规定,也是对道路交通安全违法行为处罚种类的具体规定。

"第八十八条 对道路交通安全违法行为的处罚种类包括:警告、罚款、暂扣或者吊销机动车驾驶证、拘留。"

故本题选 C。

45.依据《中华人民共和国道路交通安全法》,机动车驾驶人违反道路交通安全法律、法规关于道路通行规定的,处警告或者( )罚款。

    A.一百元以上二百元以下   B.五十元以上一百元以下

    C.十元以上一百元以下   D.二十元以上二百元以下

正确答案:D

【试题解析】

《中华人民共和国道路交通安全法》第九十条是关于道路交通安全行政处罚的规定,也是对机动车驾驶人违反道路通行法律法规的具体处罚规定。

"第九十条 机动车驾驶人违反道路交通安全法律、法规关于道路通行规定的,处警告或者二十元以上二百元以下罚款。本法另有规定的,依照规定处罚。"

故本题选 D。

46.依据《中华人民共和国道路交通安全法》,饮酒后驾驶营运机动车的,处 15 日拘留,并处五千元罚款,吊销机动车驾驶证,( )年内不得重新取得机动车驾驶证。

    A.2   B.3   C.5   D.10

正确答案:C

【试题解析】

《中华人民共和国道路交通安全法》第九十一条是关于道路交通安全行政处罚的规定,也是对机动车驾驶人饮酒后驾驶机动车的具体处罚规定。

"第九十一条 ……

"饮酒后驾驶营运机动车的,处十五日拘留,并处五千元罚款,吊销机动车驾驶证,五年内不得重新取得机动车驾驶证。"

"……"

故本题选 C。

47.依据《中华人民共和国道路交通安全法》,醉酒驾驶营运机动车的,由公安机关交通管理部门约束至酒醒,吊销机动车驾驶证,依法追究刑事责任;( )年内不得重新取得机动车驾驶证,重新取得机动车驾驶证后,不得驾驶营运机动车。

  A.2   B.3   C.5   D.10

正确答案:D

【试题解析】

《中华人民共和国道路交通安全法》第九十一条是关于道路交通安全行政处罚的规定,也是对机动车驾驶人醉酒后驾驶机动车的具体处罚规定。

"第九十一条 ……

"醉酒驾驶营运机动车的,由公安机关交通管理部门约束至酒醒,吊销机动车驾驶证,依法追究刑事责任;十年内不得重新取得机动车驾驶证,重新取得机动车驾驶证后,不得驾驶营运机动车。

"……"

故本题选 D。

48.依据《中华人民共和国道路交通安全法》,饮酒后或者醉酒驾驶机动车发生重大交通事故,( )不得重新取得机动车驾驶证。

  A.终生   B.3 年内   C.5 年内   D.10 年内

正确答案:A

【试题解析】

《中华人民共和国道路交通安全法》第九十一条是关于道路交通安全行政处罚的规定,也是对机动车驾驶人饮酒后或者醉酒驾驶机动车发生重大交通事故的具体处罚规定。

"第九十一条 ……

"饮酒后或者醉酒驾驶机动车发生重大交通事故,构成犯罪的,依法追究刑事责任,并由公安机关交通管理部门吊销机动车驾驶证,终生不得重新取得机动车驾驶证。"

故本题选 A。

49.依据《中华人民共和国道路交通安全法》,对违反道路交通安全法律、法规关于机动车停放、临时停车规定的,可以指出违法行为,并予以( ),令其立即驶离。

  A.处罚   B.口头警告   C.拘留   D.吊销驾驶证

正确答案:B

【试题解析】

《中华人民共和国道路交通安全法》第九十三条是关于道路交通安全行政处罚的规定,

也是对违规停放车辆的具体处罚规定。

"第九十三条 对违反道路交通安全法律、法规关于机动车停放、临时停车规定的,可以指出违法行为,并予以口头警告,令其立即驶离。

"……"

故本题选B。

50.依据《中华人民共和国道路交通安全法》机动车驾驶人不在现场或者虽在现场但拒绝立即驶离,妨碍其他车辆、行人通行的,处( )罚款,并可以将该机动车拖移至不妨碍交通的地点或者公安机关交通管理部门指定的地点停放。

  A.二十元以上五十元以下 B.二十元以上一百元以下
  C.二十元以上二百元以下 D.二十元以上三百元以下

正确答案:C

【试题解析】

《中华人民共和国道路交通安全法》第九十三条是关于道路交通安全行政处罚的规定,也是对违规停放车辆的具体处罚规定。

"第九十三条 ……

"机动车驾驶人不在现场或者虽在现场但拒绝立即驶离,妨碍其他车辆、行人通行的,处二十元以上二百元以下罚款,并可以将该机动车拖移至不妨碍交通的地点或者公安机关交通管理部门指定的地点停放。公安机关交通管理部门拖车不得向当事人收取费用,并应当及时告知当事人停放地点。

"……"

故本题选C。

51.依据《中华人民共和国道路交通安全法》因采取不正确的方法拖车造成机动车损坏的,应当依法承担( )。

  A.补偿责任 B.民事责任 C.刑事责任 D.行政责任

正确答案:A

【试题解析】

《中华人民共和国道路交通安全法》第九十三条是关于道路交通安全行政处罚的规定,也是对采取不正确的方法拖车造成机动车损坏的责任规定。

"第九十三条 ……

"因采取不正确的方法拖车造成机动车损坏的,应当依法承担补偿责任。"

故本题选A。

52.依据《中华人民共和国道路交通安全法》上道路行驶的机动车未悬挂机动车号牌,未放置检验合格标志、保险标志,或者未随车携带行驶证、驾驶证的,公安机关交通管理部门应当扣留机动车,通知当事人提供相应的牌证、标志或者补办相应手续,并处警告或者( )罚款。当事人提供相应的牌证、标志或者补办相应手续的,应当及时退还机动车。

A. 二十元以上五十元以下　　　　　　B. 二十元以上一百元以下

C. 二十元以上二百元以下　　　　　　D. 二十元以上三百元以下

正确答案：C

【试题解析】

《中华人民共和国道路交通安全法》第九十五条是关于道路交通安全行政处罚的规定，也是对未按照规定上道路行驶的机动车当事人的具体处罚规定。

"第九十五条　上道路行驶的机动车未悬挂机动车号牌，未放置检验合格标志、保险标志，或者未随车携带行驶证、驾驶证的，公安机关交通管理部门应当扣留机动车，通知当事人提供相应的牌证、标志或者补办相应手续，并可以依照本法第九十条的规定予以处罚。当事人提供相应的牌证、标志或者补办相应手续的，应当及时退还机动车。"

"……"

"第九十条　机动车驾驶人违反道路交通安全法律、法规关于道路通行规定的，处警告或者二十元以上二百元以下罚款。本法另有规定的，依照规定处罚。"

故本题选 C。

53. 依据《中华人民共和国道路交通安全法》故意遮挡、污损或者不按规定安装机动车号牌的，处警告或者（　　）罚款。

A. 二十元以上五十元以下　　　　　　B. 二十元以上一百元以下

C. 二十元以上二百元以下　　　　　　D. 二十元以上三百元以下

正确答案：C

【试题解析】

《中华人民共和国道路交通安全法》第九十五条是关于道路交通安全行政处罚的规定，也是对未按照规定上道路行驶的机动车当事人的具体处罚规定。

"第九十五条　……"

"故意遮挡、污损或者不按规定安装机动车号牌的，依照本法第九十条的规定予以处罚。"

"第九十条　机动车驾驶人违反道路交通安全法律、法规关于道路通行规定的，处警告或者二十元以上二百元以下罚款。本法另有规定的，依照规定处罚。"

故本题选 C。

54. 依据《中华人民共和国道路交通安全法》，伪造、变造或者使用伪造、变造的机动车登记证书、号牌、行驶证、驾驶证的，由公安机关交通管理部门予以收缴，扣留该机动车，处十五日以下拘留，并处（　　）罚款；构成犯罪的，依法追究刑事责任。

A. 五百元以上一千元以下　　　　　　B. 一千元以上二千元以下

C. 二千元以上三千元以下　　　　　　D. 二千元以上五千元以下

正确答案：D

【试题解析】

《中华人民共和国道路交通安全法》第九十六条是关于道路交通安全行政处罚的规定，

也是对伪造、变造或者使用伪造、变造的机动车相关证件的当事人的具体处罚规定。

"第九十六条 伪造、变造或者使用伪造、变造的机动车登记证书、号牌、行驶证、驾驶证的,由公安机关交通管理部门予以收缴,扣留该机动车,处十五日以下拘留,并处二千元以上五千元以下罚款;构成犯罪的,依法追究刑事责任。

"……"

故本题选D。

55.依据《中华人民共和国道路交通安全法》伪造、变造或者使用伪造、变造的检验合格标志、保险标志的,由公安机关交通管理部门予以收缴,扣留该机动车,处十日以下拘留,并处( )罚款;构成犯罪的,依法追究刑事责任。

  A.五百元以上一千元以下   B.一千元以上二千元以下
  C.二千元以上三千元以下   D.一千元以上三千元以下

正确答案:D

【试题解析】

《中华人民共和国道路交通安全法》第九十六条是关于道路交通安全行政处罚的规定,也是对伪造、变造或者使用伪造、变造的机动车相关证件的当事人的具体处罚规定。

"第九十六条 ……

"伪造、变造或者使用伪造、变造的检验合格标志、保险标志的,由公安机关交通管理部门予以收缴,扣留该机动车,处十日以下拘留,并处一千元以上三千元以下罚款;构成犯罪的,依法追究刑事责任。

"……"

故本题选D。

56.依据《中华人民共和国道路交通安全法》,使用其他车辆的机动车登记证书、号牌、行驶证、检验合格标志、保险标志的,由公安机关交通管理部门予以收缴,扣留该机动车,处( )罚款。

  A.五百元以上一千元以下   B.一千元以上二千元以下
  C.二千元以上三千元以下   D.二千元以上五千元以下

正确答案:D

【试题解析】

《中华人民共和国道路交通安全法》第九十六条是关于道路交通安全行政处罚的规定,也是对违规使用其他机动车相关证件的当事人的具体处罚规定。

"第九十六条 ……

"使用其他车辆的机动车登记证书、号牌、行驶证、检验合格标志、保险标志的,由公安机关交通管理部门予以收缴,扣留该机动车,处二千元以上五千元以下罚款。"

"……"

故本题选D。

57.依据《中华人民共和国道路交通安全法》,非法安装警报器、标志灯具的,由公安机关交通管理部门强制拆除,予以收缴,并处(　　)罚款。

  A.五百元以上一千元以下   B.一千元以上二千元以下
  C.二百元以上二千元以下   D.二千元以上五千元以下

正确答案:C

【试题解析】

《中华人民共和国道路交通安全法》第九十七条是关于道路交通安全行政处罚的规定,也是对非法安装警报器、标志灯具的具体处罚规定。

"第九十七条　非法安装警报器、标志灯具的,由公安机关交通管理部门强制拆除,予以收缴,并处二百元以上二千元以下罚款。"

故本题选 C。

58.依据《中华人民共和国道路交通安全法》,机动车所有人、管理人未按照国家规定投保机动车第三者责任强制保险的,由公安机关交通管理部门扣留车辆至依照规定投保后,并处依照规定投保最低责任限额应缴纳的保险费的(　　)倍罚款。

  A.1   B.2   C.3   D.4

正确答案:B

【试题解析】

《中华人民共和国道路交通安全法》第九十八条是关于道路交通安全行政处罚的规定,也是对机动车所有人、管理人未按照国家规定投保机动车第三者责任强制保险的具体处罚规定。

"第九十八条　机动车所有人、管理人未按照国家规定投保机动车第三者责任强制保险的,由公安机关交通管理部门扣留车辆至依照规定投保后,并处依照规定投保最低责任限额应缴纳的保险费的二倍罚款。

"……"

故本题选 B。

59.依据《中华人民共和国道路交通安全法》,未取得机动车驾驶证、机动车驾驶证被吊销或者机动车驾驶证被暂扣期间驾驶机动车的,由公安机关交通管理部门处(　　)罚款,可以并处十五日以下拘留。

  A.五百元以上一千元以下   B.一千元以上二千元以下
  C.二百元以上二千元以下   D.二千元以上五千元以下

正确答案:C

【试题解析】

《中华人民共和国道路交通安全法》第九十九条是关于道路交通安全行政处罚的规定,也是对未取得机动车驾驶证、机动车驾驶证被吊销或者机动车驾驶证被暂扣期间驾驶机动车的行为人的具体处罚规定。

"第九十九条 有下列行为之一的,由公安机关交通管理部门处二百元以上二千元以下罚款:

"(一)未取得机动车驾驶证、机动车驾驶证被吊销或者机动车驾驶证被暂扣期间驾驶机动车的;

"……

"行为人有前款第二项、第四项情形之一的,可以并处吊销机动车驾驶证;有第一项、第三项、第五项至第八项情形之一的,可以并处十五日以下拘留。"

故本题选 C。

60.依据《中华人民共和国道路交通安全法》,将机动车交由未取得机动车驾驶证或者机动车驾驶证被吊销、暂扣的人驾驶的,由公安机关交通管理部门处( )罚款,可以并处( )。

  A.五百元以上一千元以下,吊销机动车驾驶证
  B.一千元以上二千元以下,吊销机动车驾驶证
  C.二百元以上二千元以下,吊销机动车驾驶证
  D.二百元以上二千元以下,拘留

正确答案:C

【试题解析】

《中华人民共和国道路交通安全法》第九十九条是关于道路交通安全行政处罚的规定,也是对将机动车交由未取得机动车驾驶证或者机动车驾驶证被吊销、暂扣人员驾驶的行为人的具体处罚规定。

"第九十九条 有下列行为之一的,由公安机关交通管理部门处二百元以上二千元以下罚款:

"……

"(二)将机动车交由未取得机动车驾驶证或者机动车驾驶证被吊销、暂扣的人驾驶的;

"……

"行为人有前款第二项、第四项情形之一的,可以并处吊销机动车驾驶证;有第一项、第三项、第五项至第八项情形之一的,可以并处十五日以下拘留。"

故本题选 C。

61.依据《中华人民共和国道路交通安全法》,造成交通事故后逃逸,尚不构成犯罪的,由公安机关交通管理部门处( )罚款,可以并处( )拘留。

  A.一千元以上二千元以下,十五日以下
  B.一千元以上二千元以下,十日以下
  C.二百元以上二千元以下,十五日以下
  D.二百元以上二千元以下,十日以下

正确答案:C

【试题解析】

《中华人民共和国道路交通安全法》第九十九条是关于道路交通安全行政处罚的规定,也是对造成交通事故后逃逸,尚不构成犯罪的行为人的具体处罚规定。

"第九十九条 有下列行为之一的,由公安机关交通管理部门处二百元以上二千元以下罚款:

"……

"(三)造成交通事故后逃逸,尚不构成犯罪的;

"……

"行为人有前款第二项、第四项情形之一的,可以并处吊销机动车驾驶证;有第一项、第三项、第五项至第八项情形之一的,可以并处十五日以下拘留。"

故本题选 C。

62. 依据《中华人民共和国道路交通安全法》,机动车行驶超过规定时速百分之五十的,由公安机关交通管理部门处(　　)罚款,可以并处(　　)。

A. 五百元以上一千元以下,吊销机动车驾驶证

B. 一千元以上二千元以下,吊销机动车驾驶证

C. 二百元以上二千元以下,吊销机动车驾驶证

D. 二百元以上二千元以下,拘留

正确答案:C

【试题解析】

《中华人民共和国道路交通安全法》第九十九条是关于道路交通安全行政处罚的规定,也是对机动车行驶超过规定时速百分之五十的行为人的具体处罚规定。

"第九十九条 有下列行为之一的,由公安机关交通管理部门处二百元以上二千元以下罚款:

"……

"(四)机动车行驶超过规定时速百分之五十的;

"……

"行为人有前款第二项、第四项情形之一的,可以并处吊销机动车驾驶证;有第一项、第三项、第五项至第八项情形之一的,可以并处十五日以下拘留。"

故本题选 C。

63. 依据《中华人民共和国道路交通安全法》,强迫机动车驾驶人违反道路交通安全法律、法规和机动车安全驾驶要求驾驶机动车,造成交通事故,尚不构成犯罪的,由公安机关交通管理部门处(　　)罚款,可以并处(　　)拘留。

A. 一千元以上二千元以下,十五日以下

B. 一千元以上二千元以下,十日以下

C. 二百元以上二千元以下,十五日以下

D. 二百元以上二千元以下,十日以下

正确答案:C

【试题解析】

《中华人民共和国道路交通安全法》第九十九条是关于道路交通安全行政处罚的规定,也是对强迫机动车驾驶人违反有关规定驾驶机动车,造成交通事故,尚不构成犯罪的行为人的具体处罚规定。

"第九十九条 有下列行为之一的,由公安机关交通管理部门处二百元以上二千元以下罚款:

"……

"(五)强迫机动车驾驶人违反道路交通安全法律、法规和机动车安全驾驶要求驾驶机动车,造成交通事故,尚不构成犯罪的;

"……

"行为人有前款第二项、第四项情形之一的,可以并处吊销机动车驾驶证;有第一项、第三项、第五项至第八项情形之一的,可以并处十五日以下拘留。"

故本题选 C。

64.依据《中华人民共和国道路交通安全法》,违反交通管制的规定强行通行,不听劝阻的,由公安机关交通管理部门处(　　)罚款,可以并处(　　)拘留。

　　A. 一千元以上二千元以下,十五日以下

　　B. 一千元以上二千元以下,十日以下

　　C. 二百元以上二千元以下,十五日以下

　　D. 二百元以上二千元以下,十日以下

正确答案:C

【试题解析】

《中华人民共和国道路交通安全法》第九十九条是关于道路交通安全行政处罚的规定,也是对违反交通管制的规定强行通行,不听劝阻的行为人的具体处罚规定。

"第九十九条 有下列行为之一的,由公安机关交通管理部门处二百元以上二千元以下罚款:

"……

"(六)违反交通管制的规定强行通行,不听劝阻的;

"……

"行为人有前款第二项、第四项情形之一的,可以并处吊销机动车驾驶证;有第一项、第三项、第五项至第八项情形之一的,可以并处十五日以下拘留。"

故本题选 C。

65.依据《中华人民共和国道路交通安全法》,故意损毁、移动、涂改交通设施,造成危害后果,尚不构成犯罪的,由公安机关交通管理部门处(　　)罚款,可以并处(　　)拘留。

A. 一千元以上二千元以下,十五日以下
B. 一千元以上二千元以下,十日以下
C. 二百元以上二千元以下,十五日以下
D. 二百元以上二千元以下,十日以下

正确答案:C

【试题解析】

《中华人民共和国道路交通安全法》第九十九条是关于道路交通安全行政处罚的规定,也是对故意损毁、移动、涂改交通设施,造成危害后果,尚不构成犯罪的行为人的具体处罚规定。

"第九十九条 有下列行为之一的,由公安机关交通管理部门处二百元以上二千元以下罚款:

"……

"(七)故意损毁、移动、涂改交通设施,造成危害后果,尚不构成犯罪的;

"……

"行为人有前款第二项、第四项情形之一的,可以并处吊销机动车驾驶证;有第一项、第三项、第五项至第八项情形之一的,可以并处十五日以下拘留。"

故本题选 C。

66. 依据《中华人民共和国道路交通安全法》,非法拦截、扣留机动车辆,不听劝阻,造成交通严重阻塞或者较大财产损失的,由公安机关交通管理部门处(　　)罚款,可以并处(　　)拘留。

A. 一千元以上二千元以下,十五日以下
B. 一千元以上二千元以下,十日以下
C. 二百元以上二千元以下,十五日以下
D. 二百元以上二千元以下,十日以下

正确答案:C

【试题解析】

《中华人民共和国道路交通安全法》第九十九条是关于道路交通安全行政处罚的规定,也是对故意损毁、移动、涂改交通设施,造成危害后果,尚不构成犯罪的行为人的具体处罚规定。

"第九十九条 有下列行为之一的,由公安机关交通管理部门处二百元以上二千元以下罚款:

"……

"(八)非法拦截、扣留机动车辆,不听劝阻,造成交通严重阻塞或者较大财产损失的。

行为人有前款第二项、第四项情形之一的,可以并处吊销机动车驾驶证;有第一项、第三项、第五项至第八项情形之一的,可以并处十五日以下拘留。"

故本题选 C。

67.依据《中华人民共和国道路交通安全法》,驾驶拼装的机动车或者已达到报废标准的机动车上道路行驶的,公安机关交通管理部门应当予以(　　),强制报废。

　　A.收缴　　　　　B.扣留　　　　　C.扣缴　　　　　D.收回

正确答案:A

【试题解析】

《中华人民共和国道路交通安全法》第一百条是关于道路交通安全行政处罚的规定,也是对驾驶拼装机动车或者已达到报废标准机动车上道路行驶的驾驶人的具体处罚规定。

"第一百条　驾驶拼装的机动车或者已达到报废标准的机动车上道路行驶的,公安机关交通管理部门应当予以收缴,强制报废。

"……"

故本题选 A。

68.依据《中华人民共和国道路交通安全法》,对驾驶拼装的机动车或者已达到报废标准的机动车上道路行驶的驾驶人,处(　　)罚款,并(　　)。

　　A.五百元以上一千元以下,吊销机动车驾驶证

　　B.一千元以上二千元以下,吊销机动车驾驶证

　　C.二百元以上二千元以下,吊销机动车驾驶证

　　D.二百元以上二千元以下,拘留

正确答案:C

【试题解析】

《中华人民共和国道路交通安全法》第一百条是关于道路交通安全行政处罚的规定,也是对驾驶拼装的机动车或者已达到报废标准的机动车上道路行驶的驾驶人的具体处罚规定。

"第一百条　驾驶拼装的机动车或者已达到报废标准的机动车上道路行驶的,公安机关交通管理部门应当予以收缴,强制报废。

"对驾驶前款所列机动车上道路行驶的驾驶人,处二百元以上二千元以下罚款,并吊销机动车驾驶证。

"……"

故本题选 C。

69.依据《中华人民共和国道路交通安全法》,出售已达到报废标准的机动车的,没收违法所得,处(　　)的罚款,对该机动车公安机关交通管理部门应当予以收缴,强制报废。

　　A.高于销售金额1倍　　　　　B.低于销售金额1倍

　　C.销售金额等额　　　　　　D.高于销售金额2倍

正确答案:C

【试题解析】

《中华人民共和国道路交通安全法》第一百条是关于道路交通安全行政处罚的规定,也是对出售已达到报废标准机动车的行为人的具体处罚规定。

"第一百条 ……

"出售已达到报废标准的机动车的,没收违法所得,处销售金额等额的罚款,对该机动车依照本条第一款的规定处理。"

故本题选 C。

70. 依据《中华人民共和国道路交通安全法》,造成交通事故后逃逸的,由公安机关交通管理部门吊销机动车驾驶证,且( )不得重新取得机动车驾驶证。

  A.终生   B.3 年内   C.5 年内   D.10 年内

正确答案:A

【试题解析】

《中华人民共和国道路交通安全法》第一百零一条是关于道路交通安全行政处罚的规定,也是对造成交通事故后逃逸的行为人的具体处罚规定。

"第一百零一条 ……

"造成交通事故后逃逸的,由公安机关交通管理部门吊销机动车驾驶证,且终生不得重新取得机动车驾驶证。"

故本题选 A。

71. 依据《中华人民共和国道路交通安全法》,对 6 个月内发生 2 次以上特大交通事故负有主要责任或者全部责任的专业运输单位,由公安机关交通管理部门责令消除安全隐患;未消除安全隐患的机动车,( )上道路行驶。

  A.视情况可   B.允许   C.禁止   D.批准后

正确答案:C

【试题解析】

《中华人民共和国道路交通安全法》第一百零二条是关于道路交通安全行政处罚的规定,也是对六个月内发生二次以上特大交通事故负有主要责任或者全部责任的专业运输单位的具体处罚规定。

"第一百零二条 对六个月内发生二次以上特大交通事故负有主要责任或者全部责任的专业运输单位,由公安机关交通管理部门责令消除安全隐患,未消除安全隐患的机动车,禁止上道路行驶。"

故本题选 C。

72. 依据《中华人民共和国道路交通安全法》,当事人逾期不履行行政处罚决定的,作出行政处罚决定的行政机关可以采取下列措施:到期不缴纳罚款的,每日按罚款数额的( )加处罚款;申请人民法院强制执行。

  A.1%   B.2%   C.3%   D.4%

正确答案:C

【试题解析】

《中华人民共和国道路交通安全法》第一百零九条是关于道路交通安全行政处罚的规定,也是对当事人逾期不履行行政处罚决定的,作出行政处罚决定的行政机关采取处罚措施的具体规定。

"第一百零九条 当事人逾期不履行行政处罚决定的,作出行政处罚决定的行政机关可以采取下列措施:

"(一)到期不缴纳罚款的,每日按罚款数额的百分之三加处罚款;

"(二)申请人民法院强制执行。"

故本题选C。

73. 依据《中华人民共和国道路交通安全法实施条例》,营运载客汽车5年以内每年检验1次;超过5年的,每( )个月检验1次。

  A.3   B.6   C.9   D.11

正确答案:B

【试题解析】

《中华人民共和国道路交通安全法实施条例》第十六条是关于机动车检验制度的规定,也是对营运载客汽车检验的具体规定。

"第十六条 营运载客汽车5年以内每年检验1次;超过5年的,每6个月检验1次。

"……"

故本题选B。

74. 依据《中华人民共和国道路交通安全法实施条例》,机动车信号灯和非机动车信号灯表示:绿灯亮时,准许车辆通行,但转弯的车辆不得( )被放行的直行车辆、行人通行。

  A.妨碍   B.阻碍   C.阻挡   D.阻止

正确答案:A

【试题解析】

《中华人民共和国道路交通安全法实施条例》第三十八条是与机动车有关的道路通行规定,也是对机动车信号灯和非机动车信号灯信号内容的具体规定。

"第三十八条 机动车信号灯和非机动车信号灯表示:

"(一)绿灯亮时,准许车辆通行,但转弯的车辆不得妨碍被放行的直行车辆、行人通行;

"……"

故本题选A。

75. 依据《中华人民共和国道路交通安全法实施条例》,机动车信号灯和非机动车信号灯表示:黄灯亮时,已越过停止线的车辆( )通行。

  A.不可以   B.可以继续   C.暂缓   D.禁止

正确答案:B

【试题解析】

《中华人民共和国道路交通安全法实施条例》第三十八条是与机动车有关的道路通行规定,也是对机动车信号灯和非机动车信号灯信号内容的具体规定。

"第三十八条 机动车信号灯和非机动车信号灯表示:

"……

"(二)黄灯亮时,已越过停止线的车辆可以继续通行。

"……"

故本题选 B。

76.依据《中华人民共和国道路交通安全法实施条例》,机动车信号灯和非机动车信号灯表示:红灯亮时,( )车辆通行。

  A. 允许   B. 可以继续   C. 暂缓   D. 禁止

正确答案:D

【试题解析】

《中华人民共和国道路交通安全法实施条例》第三十八条是与机动车有关的道路通行规定,也是对机动车信号灯和非机动车信号灯信号内容的具体规定。

"第三十八条 机动车信号灯和非机动车信号灯表示:

"……

"(三)红灯亮时,禁止车辆通行。

"……"

故本题选 D。

77.依据《中华人民共和国道路交通安全法实施条例》,人行横道信号灯表示:绿灯亮时,( )行人通过人行横道。

  A. 准许   B. 禁止   C. 不允许   D. 提醒

正确答案:A

【试题解析】

《中华人民共和国道路交通安全法实施条例》第三十九条是与行人有关的道路通行规定,也是对人行横道信号灯信号内容的具体规定。

"第三十九条 人行横道信号灯表示:

"(一)绿灯亮时,准许行人通过人行横道;

"……"

故本题选 A。

78.依据《中华人民共和国道路交通安全法实施条例》,人行横道信号灯表示:红灯亮时,禁止行人进入人行横道,但是已经进入人行横道的,可以( )。

  A. 继续通过   B. 在道路中心线处停留等候

  C. 在道路中间处停留等候   D. 继续通过或者在道路中心线处停留等候

正确答案:D

【试题解析】

《中华人民共和国道路交通安全法实施条例》第三十九条是与行人有关的道路通行规定,也是对人行横道信号灯信号内容的具体规定。

"第三十九条 人行横道信号灯表示:

"……

"(二)红灯亮时,禁止行人进入人行横道,但是已经进入人行横道的,可以继续通过或者在道路中心线处停留等候。"

故本题选 D。

79.依据《中华人民共和国道路交通安全法实施条例》,方向指示信号灯的箭头方向向左、向上、向右分别表示( )。

A. 左转、停止、右转　　　　　B. 右转、直行、左转

C. 右转、停止、左转　　　　　D. 左转、直行、右转

正确答案:D

【试题解析】

《中华人民共和国道路交通安全法实施条例》第四十一条是与方向指示信号灯有关的道路通行规定,也是对方向指示信号灯的箭头方向信号内容的具体规定。

"第四十一条 方向指示信号灯的箭头方向向左、向上、向右分别表示左转、直行、右转。"

故本题选 D。

80.依据《中华人民共和国道路交通安全法实施条例》,闪光警告信号灯为持续闪烁的黄灯,提示车辆、行人通行时注意( ),确认安全后通过。

A. 前方　　　B. 瞭望　　　C. 张望　　　D. 观看

正确答案:B

【试题解析】

《中华人民共和国道路交通安全法实施条例》第四十二条是与闪光警告信号灯有关的道路通行规定,也是对闪光警告信号灯为持续闪烁的黄灯信号内容的具体规定。

"第四十二条 闪光警告信号灯为持续闪烁的黄灯,提示车辆、行人通行时注意瞭望,确认安全后通过。"

故本题选 B。

81.依据《中华人民共和国道路交通安全法实施条例》,道路与铁路平面交叉道口有两个红灯交替闪烁或者一个红灯亮时,表示( )车辆、行人通行。

A. 允许　　　B. 禁止　　　C. 暂缓　　　D. 暂停

正确答案:B

【试题解析】

《中华人民共和国道路交通安全法实施条例》第四十三条是与道路与铁路平面交叉道口

信号灯有关的道路通行规定,也是对道路与铁路平面交叉道口信号灯闪烁以及熄灭信号内容的具体规定。

"第四十三条 道路与铁路平面交叉道口有两个红灯交替闪烁或者一个红灯亮时,表示禁止车辆、行人通行;红灯熄灭时,表示允许车辆、行人通行。"

故本题选 B。

82.依据《中华人民共和国道路交通安全法实施条例》,道路与铁路平面交叉道口红灯熄灭时,表示(　　)车辆、行人通行。

  A.允许   B.禁止   C.暂缓   D.暂停

正确答案:A

【试题解析】

《中华人民共和国道路交通安全法实施条例》第四十三条是与道路与铁路平面交叉道口信号灯有关的道路通行规定,也是对道路与铁路平面交叉道口信号灯闪烁以及熄灭信号内容的具体规定。

"第四十三条 道路与铁路平面交叉道口有两个红灯交替闪烁或者一个红灯亮时,表示禁止车辆、行人通行;红灯熄灭时,表示允许车辆、行人通行。"

故本题选 A。

83.依据《中华人民共和国道路交通安全法实施条例》,在道路同方向划有 2 条以上机动车道的,左侧为快速车道,右侧为慢速车道。在快速车道行驶的机动车应当按照快速车道规定的速度行驶,未达到快速车道规定的行驶速度的,应当在(　　)行驶。

  A.慢速车道 B.快速车道 C.最内车道 D.中间车道

正确答案:A

【试题解析】

《中华人民共和国道路交通安全法实施条例》第四十四条是与机动车有关的道路通行规定,也是对机动车在快速车道和慢速车道行驶的具体要求。

"第四十四条 在道路同方向划有 2 条以上机动车道的,左侧为快速车道,右侧为慢速车道。在快速车道行驶的机动车应当按照快速车道规定的速度行驶,未达到快速车道规定的行驶速度的,应当在慢速车道行驶……

"……"

故本题选 A。

84.依据《中华人民共和国道路交通安全法实施条例》,慢速车道内的机动车超越前车时,可以借用(　　)行驶。

  A.慢速车道 B.快速车道 C.最内车道 D.中间车道

正确答案:B

【试题解析】

《中华人民共和国道路交通安全法实施条例》第四十四条是与机动车有关的道路通行规

定,也是对机动车在慢速车道超越前车时的具体要求。

"第四十四条 ……慢速车道内的机动车超越前车时,可以借用快速车道行驶。

"……"

故本题选 B。

85.依据《中华人民共和国道路交通安全法实施条例》,在道路同方向划有（　　）条以上机动车道的,变更车道的机动车不得影响相关车道内行驶的机动车的正常行驶。

　　A.1　　　　　　B.2　　　　　　C.3　　　　　　D.4

正确答案:B

【试题解析】

《中华人民共和国道路交通安全法实施条例》第四十四条是与机动车有关的道路通行规定,也是对机动车在道路同方向划有 2 条以上机动车道上行驶时,变更车道的具体要求。

"第四十四条 ……

"在道路同方向划有 2 条以上机动车道的,变更车道的机动车不得影响相关车道内行驶的机动车的正常行驶。"

故本题选 B。

86.依据《中华人民共和国道路交通安全法实施条例》,机动车在道路上行驶不得超过限速标志、标线标明的速度。在没有限速标志、标线的道路上,机动车不得超过下列最高行驶速度:没有道路中心线的道路,城市道路为每小时（　　）公里,公路为每小时 40 公里。

　　A.30　　　　　　B.40　　　　　　C.50　　　　　　D.60

正确答案:A

【试题解析】

《中华人民共和国道路交通安全法实施条例》第四十五条是与机动车有关的道路通行规定,也是对机动车在道路上行驶不得超过限速标志、标线标明速度的具体规定。

"第四十五条 机动车在道路上行驶不得超过限速标志、标线标明的速度。在没有限速标志、标线的道路上,机动车不得超过下列最高行驶速度:

"(一)没有道路中心线的道路,城市道路为每小时 30 公里,公路为每小时 40 公里。

"……"

故本题选 A。

87.依据《中华人民共和国道路交通安全法实施条例》,机动车在道路上行驶不得超过限速标志、标线标明的速度。在没有限速标志、标线的道路上,机动车不得超过下列最高行驶速度:同方向只有 1 条机动车道的道路,城市道路为每小时（　　）公里,公路为每小时 70 公里。

　　A.30　　　　　　B.40　　　　　　C.50　　　　　　D.60

正确答案:C

【试题解析】

《中华人民共和国道路交通安全法实施条例》第四十五条是与机动车有关的道路通行规定,也是对机动车在道路上行驶不得超过限速标志、标线标明速度的具体规定。

"第四十五条 机动车在道路上行驶不得超过限速标志、标线标明的速度。在没有限速标志、标线的道路上,机动车不得超过下列最高行驶速度:

"……

"(二)同方向只有1条机动车道的道路,城市道路为每小时50公里,公路为每小时70公里。"

故本题选C。

88.依据《中华人民共和国道路交通安全法实施条例》,在没有道路中心线或者同方向只有1条机动车道的道路上,前车遇后车发出超车信号时,在条件许可的情况下,应当( )。

A.提高速度、靠右让路　　　　　　B.降低速度、靠右让路

C.降低速度、靠左让路　　　　　　D.提高速度、靠左让路

正确答案:B

【试题解析】

《中华人民共和国道路交通安全法实施条例》第四十七条是与机动车有关的道路通行规定,也是对机动车超车时的具体要求。

"第四十七条 机动车超车时,应当提前开启左转向灯、变换使用远、近光灯或者鸣喇叭。在没有道路中心线或者同方向只有1条机动车道的道路上,前车遇后车发出超车信号时,在条件许可的情况下,应当降低速度、靠右让路……"

故本题选B。

89.依据《中华人民共和国道路交通安全法实施条例》,后车应当在确认有充足的安全距离后,从前车的( )超越,在与被超车辆拉开必要的安全距离后,开启右转向灯,驶回原车道。

A.左侧　　　　B.右侧　　　　C.后侧　　　　D.前侧

正确答案:A

【试题解析】

《中华人民共和国道路交通安全法实施条例》第四十七条是与机动车有关的道路通行规定,也是对机动车超车时的具体要求。

"第四十七条 机动车超车时,应当提前开启左转向灯、变换使用远、近光灯或者鸣喇叭。在没有道路中心线或者同方向只有1条机动车道的道路上,前车遇后车发出超车信号时,在条件许可的情况下,应当降低速度、靠右让路。后车应当在确认有充足的安全距离后,从前车的左侧超越,在与被超车辆拉开必要的安全距离后,开启右转向灯,驶回原车道。"

故本题选A。

90.依据《中华人民共和国道路交通安全法实施条例》,在没有中心隔离设施或者没有中

心线的道路上,机动车遇相对方向来车时应当( )行驶,并与其他车辆、行人保持必要的安全距离。

A. 减速靠右　　　　B. 减速靠左　　　　C. 加速靠右　　　　D. 加速靠左

正确答案:A

【试题解析】

《中华人民共和国道路交通安全法实施条例》第四十八条是与机动车有关的道路通行规定,也是对机动车在没有中心隔离设施或者没有中心线的道路上,机动车遇相对方向来车时行驶的具体要求。

"第四十八条　在没有中心隔离设施或者没有中心线的道路上,机动车遇相对方向来车时应当遵守下列规定:

"(一)减速靠右行驶,并与其他车辆、行人保持必要的安全距离。

"……"

故本题选 A。

91. 依据《中华人民共和国道路交通安全法实施条例》,在没有中心隔离设施或者没有中心线的道路上,机动车遇相对方向来车时:在有障碍的路段,无障碍的一方先行;有障碍的一方已驶入障碍路段而无障碍的一方未驶入时,( )先行。

A. 后面的一方　　　　　　　B. 对向的一方
C. 无障碍的一方　　　　　　D. 有障碍的一方

正确答案:D

【试题解析】

《中华人民共和国道路交通安全法实施条例》第四十八条是与机动车有关的道路通行规定,也是对机动车在没有中心隔离设施或者没有中心线的道路上,机动车遇相对方向来车时行驶的具体要求。

"第四十八条　在没有中心隔离设施或者没有中心线的道路上,机动车遇相对方向来车时应当遵守下列规定:

"……

"(二)在有障碍的路段,无障碍的一方先行;但有障碍的一方已驶入障碍路段而无障碍的一方未驶入时,有障碍的一方先行。

"……"

故本题选 D。

92. 依据《中华人民共和国道路交通安全法实施条例》,在没有中心隔离设施或者没有中心线的道路上,机动车遇相对方向来车时:在狭窄的坡路,上坡的一方先行;下坡的一方已行至中途而上坡的一方未上坡时,( )先行。

A. 后面的一方　　B. 前面的一方　　C. 下坡的一方　　D. 上坡的一方

正确答案:C

【试题解析】

《中华人民共和国道路交通安全法实施条例》第四十八条是与机动车有关的道路通行规定,也是对机动车在没有中心隔离设施或者没有中心线的道路上,机动车遇相对方向来车时行驶的具体要求。

"第四十八条 在没有中心隔离设施或者没有中心线的道路上,机动车遇相对方向来车时应当遵守下列规定:

"……

"(三)在狭窄的坡路,上坡的一方先行;但下坡的一方已行至中途而上坡的一方未上坡时,下坡的一方先行。

"……"

故本题选C。

93.依据《中华人民共和国道路交通安全法实施条例》,在没有中心隔离设施或者没有中心线的道路上,机动车遇相对方向来车时,在狭窄的山路,(　　)先行。

  A.后面的一方   B.前面的一方
  C.靠山体的一方   D.不靠山体的一方

正确答案:D

【试题解析】

《中华人民共和国道路交通安全法实施条例》第四十八条是与机动车有关的道路通行规定,也是对机动车在没有中心隔离设施或者没有中心线的道路上,机动车遇相对方向来车时行驶的具体要求。

"第四十八条 在没有中心隔离设施或者没有中心线的道路上,机动车遇相对方向来车时应当遵守下列规定:

"……

"(四)在狭窄的山路,不靠山体的一方先行。

"……"

故本题选D。

94.依据《中华人民共和国道路交通安全法实施条例》,在没有中心隔离设施或者没有中心线的道路上,机动车遇相对方向来车时,夜间会车应当在距相对方向来车(　　)改用近光灯,在窄路、窄桥与非机动车会车时应当使用近光灯。

  A.100米以内 B.100米以外 C.150米以内 D.150米以外

正确答案:D

【试题解析】

《中华人民共和国道路交通安全法实施条例》第四十八条是与机动车有关的道路通行规定,也是对在没有中心隔离设施或者没有中心线的道路上,机动车遇相对方向来车时行驶的具体要求。

"第四十八条 在没有中心隔离设施或者没有中心线的道路上,机动车遇相对方向来车时应当遵守下列规定:

"……

"(五)夜间会车应当在距相对方向来车150米以外改用近光灯,在窄路、窄桥与非机动车会车时应当使用近光灯。"

故本题选D。

95.依据《中华人民共和国道路交通安全法实施条例》,机动车在有禁止掉头或者禁止左转弯标志、标线的地点以及在铁路道口、人行横道、桥梁、急弯、陡坡、隧道或者容易发生危险的路段,不得( )。

  A.掉头　　　　　B.左转　　　　　C.掉头或左转　　　　　D.掉头和左转

正确答案:A

【试题解析】

《中华人民共和国道路交通安全法实施条例》第四十九条是与机动车有关的道路通行规定,也是对机动车在有禁止掉头或者禁止左转弯标志、标线的地点以及在铁路道口、人行横道、桥梁、急弯、陡坡、隧道或者容易发生危险的路段行驶的具体要求。

"第四十九条 机动车在有禁止掉头或者禁止左转弯标志、标线的地点以及在铁路道口、人行横道、桥梁、急弯、陡坡、隧道或者容易发生危险的路段,不得掉头。

"……"

故本题选A。

96.依据《中华人民共和国道路交通安全法实施条例》,不得在铁路道口、交叉路口、单行路、桥梁、急弯、陡坡或者隧道中( )。

  A.掉头　　　　　B.倒车　　　　　C.掉头或倒车　　　　　D.掉头和倒车

正确答案:B

【试题解析】

《中华人民共和国道路交通安全法实施条例》第五十条是与机动车有关的道路通行规定,也是对机动车倒车时的具体要求。

"第五十条 机动车倒车时,应当察明车后情况,确认安全后倒车。不得在铁路道口、交叉路口、单行路、桥梁、急弯、陡坡或者隧道中倒车。"

故本题选B。

97.依据《中华人民共和国道路交通安全法实施条例》,机动车通过有交通信号灯控制的交叉路口,在划有导向车道的路口,按( )驶入导向车道。

  A.所需行进方向　　B.车流方向　　C.上行方向　　　　　D.下行方向

正确答案:A

【试题解析】

《中华人民共和国道路交通安全法实施条例》第五十一条是与机动车有关的道路通行规

定,也是对机动车通过有交通信号灯控制的交叉路口的具体要求。

"第五十一条 机动车通过有交通信号灯控制的交叉路口,应当按照下列规定通行:

"(一)在划有导向车道的路口,按所需行进方向驶入导向车道。

"……"

故本题选 A。

98.依据《中华人民共和国道路交通安全法实施条例》,机动车通过有交通信号灯控制的交叉路口,准备进入环形路口的让已在路口内的机动车( )。

  A.后行   B.先行   C.依次行驶   D.交替行驶

正确答案:B

【试题解析】

《中华人民共和国道路交通安全法实施条例》第五十一条是与机动车有关的道路通行规定,也是对机动车通过有交通信号灯控制的交叉路口的具体要求。

"第五十一条 机动车通过有交通信号灯控制的交叉路口,应当按照下列规定通行:

"……

"(二)准备进入环形路口的让已在路口内的机动车先行。

"……"

故本题选 B。

99.依据《中华人民共和国道路交通安全法实施条例》,机动车通过有交通信号灯控制的交叉路口,向左转弯时,靠路口中心点左侧转弯。转弯时开启转向灯,夜间行驶开启( )。

  A.近光灯   B.远光灯

  C.左转向灯或右转向灯   D.危险报警闪光灯

正确答案:A

【试题解析】

《中华人民共和国道路交通安全法实施条例》第五十一条是与机动车有关的道路通行规定,也是对机动车通过有交通信号灯控制的交叉路口的具体要求。

"第五十一条 机动车通过有交通信号灯控制的交叉路口,应当按照下列规定通行:

"……

"(三)向左转弯时,靠路口中心点左侧转弯。转弯时开启转向灯,夜间行驶开启近光灯。

"……"

故本题选 A。

100.依据《中华人民共和国道路交通安全法实施条例》,机动车通过有交通信号灯控制的交叉路口,遇放行信号时,( )。

  A.依次通过   B.交替通过   C.加速通过   D.减速通过

正确答案:A

【试题解析】

《中华人民共和国道路交通安全法实施条例》第五十一条是与机动车有关的道路通行规定,也是对机动车通过有交通信号灯控制的交叉路口的具体要求。

"第五十一条　机动车通过有交通信号灯控制的交叉路口,应当按照下列规定通行:

"……

"(四)遇放行信号时,依次通过。

"……"

故本题选 A。

101. 依据《中华人民共和国道路交通安全法实施条例》,机动车通过有交通信号灯控制的交叉路口,遇停止信号时,依次停在停止线以外。没有停止线的,停在(　　)。

  A. 路口以内　　　　B. 路口以外　　　　C. 路口 5 米以外　　D. 路口 10 米以外

正确答案:B

【试题解析】

《中华人民共和国道路交通安全法实施条例》第五十一条是与机动车有关的道路通行规定,也是对机动车通过有交通信号灯控制的交叉路口的具体要求。

"第五十一条　机动车通过有交通信号灯控制的交叉路口,应当按照下列规定通行:

"……

"(五)遇停止信号时,依次停在停止线以外。没有停止线的,停在路口以外。

"……"

故本题选 B。

102. 依据《中华人民共和国道路交通安全法实施条例》,机动车通过有交通信号灯控制的交叉路口,向右转弯遇有同车道前车正在等候放行信号时,(　　)。

  A. 视情况超车行驶　　　　　　B. 依次超车行驶
  C. 依次停车等候　　　　　　　D. 应超车行驶

正确答案:C

【试题解析】

《中华人民共和国道路交通安全法实施条例》第五十一条是与机动车有关的道路通行规定,也是对机动车通过有交通信号灯控制的交叉路口的具体要求。

"第五十一条　机动车通过有交通信号灯控制的交叉路口,应当按照下列规定通行:

"……

"(六)向右转弯遇有同车道前车正在等候放行信号时,依次停车等候。

"……"

故本题选 C。

103. 依据《中华人民共和国道路交通安全法实施条例》,机动车通过有交通信号灯控制的交叉路口,在没有方向指示信号灯的交叉路口,(　　)的机动车让直行的车辆、行人先行。相对方向行驶的右转弯机动车让左转弯车辆先行。

A. 转弯　　　　B. 左转　　　　C. 右转　　　　D. 待转

正确答案：A

【试题解析】

《中华人民共和国道路交通安全法实施条例》第五十一条是与机动车有关的道路通行规定，也是对机动车通过有交通信号灯控制的交叉路口的具体要求。

"第五十一条　机动车通过有交通信号灯控制的交叉路口，应当按照下列规定通行：

"……

"（六）在没有方向指示信号灯的交叉路口，转弯的机动车让直行的车辆、行人先行。相对方向行驶的右转弯机动车让左转弯车辆先行。"

故本题选A。

104. 依据《中华人民共和国道路交通安全法实施条例》，机动车在车道减少的路口、路段，遇有前方机动车停车排队等候或者缓慢行驶的，应当每车道一辆依次（　　）驶入车道减少后的路口、路段。

A. 交替　　　　B. 排队　　　　C. 减速　　　　D. 加速

正确答案：A

【试题解析】

《中华人民共和国道路交通安全法实施条例》第五十三条是与机动车有关的道路通行规定，也是对机动车在车道减少的路口、路段，遇有前方机动车停车排队等候或者缓慢行驶时通行的具体要求。

"第五十三条　……

"机动车在车道减少的路口、路段，遇有前方机动车停车排队等候或者缓慢行驶的，应当每车道一辆依次交替驶入车道减少后的路口、路段。"

故本题选A。

105. 依据《中华人民共和国道路交通安全法实施条例》，机动车遇有前方交叉路口交通阻塞时，应当依次停在路口（　　）等候。

A. 以外　　　　B. 以内　　　　C. 旁边　　　　D. 内侧

正确答案：A

【试题解析】

《中华人民共和国道路交通安全法实施条例》第五十三条是与机动车有关的道路通行规定，也是对机动车遇有前方交叉路口交通阻塞时通行的具体要求。

"第五十三条　机动车遇有前方交叉路口交通阻塞时，应当依次停在路口以外等候，不得进入路口。

"……"

故本题选A。

106. 依据《中华人民共和国道路交通安全法实施条例》，机动车应当按照下列规定使用转向灯:向左转弯、向左变更车道、准备超车、驶离停车地点或者掉头时,应当提前开启( )。

  A.左转向灯   B.右转向灯
  C.左转向灯或右转向灯   D.危险报警闪光灯

正确答案:A

【试题解析】

《中华人民共和国道路交通安全法实施条例》第五十七条是与机动车有关的道路通行规定,也是对机动车使用转向灯的具体规定。

"第五十七条 机动车应当按照下列规定使用转向灯:

"(一)向左转弯、向左变更车道、准备超车、驶离停车地点或者掉头时,应当提前开启左转向灯。

"……"

故本题选 A。

107.依据《中华人民共和国道路交通安全法实施条例》,机动车应当按照下列规定使用转向灯:向右转弯、向右变更车道、超车完毕驶回原车道、靠路边停车时,应当提前开启( )。

  A.左转向灯   B.右转向灯
  C.左转向灯或右转向灯   D.危险报警闪光灯

正确答案:B

【试题解析】

《中华人民共和国道路交通安全法实施条例》第五十七条是与机动车有关的道路通行规定,也是对机动车使用转向灯的具体规定。

"第五十七条 机动车应当按照下列规定使用转向灯:

"……

"(二)向右转弯、向右变更车道、超车完毕驶回原车道、靠路边停车时,应当提前开启右转向灯。"

故本题选 B。

108.依据《中华人民共和国道路交通安全法实施条例》,机动车在夜间没有路灯、照明不良或者遇有雾、雨、雪、沙尘、冰雹等低能见度情况下行驶时,应当开启前照灯、示廓灯和后位灯,但同方向行驶的后车与前车近距离行驶时,不得使用( )。

  A.近光灯 B.雾灯 C.远光灯 D.危险报警闪光灯

正确答案:C

【试题解析】

《中华人民共和国道路交通安全法实施条例》第五十八条是与机动车有关的道路通行规定,也是对机动车在夜间没有路灯、照明不良或者遇有雾、雨、雪、沙尘、冰雹等低能见度情况下行驶时的具体要求。

"第五十八条 机动车在夜间没有路灯、照明不良或者遇有雾、雨、雪、沙尘、冰雹等低能见度情况下行驶时,应当开启前照灯、示廓灯和后位灯,但同方向行驶的后车与前车近距离行驶时,不得使用远光灯。机动车雾天行驶应当开启雾灯和危险报警闪光灯。"

故本题选 C。

109.依据《中华人民共和国道路交通安全法实施条例》,机动车在夜间通过急弯、坡路、拱桥、人行横道或者没有交通信号灯控制的路口时,应当交替使用( )示意。

  A.远近光灯   B.雾灯   C.转向灯   D.危险报警闪光灯

正确答案:A

【试题解析】

《中华人民共和国道路交通安全法实施条例》第五十九条是与机动车有关的道路通行规定,也是对机动车在夜间通过急弯、坡路、拱桥、人行横道或者没有交通信号灯控制的路口时行驶的具体要求。

"第五十九条 机动车在夜间通过急弯、坡路、拱桥、人行横道或者没有交通信号灯控制的路口时,应当交替使用远近光灯示意。

"……"

故本题选 A。

110.依据《中华人民共和国道路交通安全法实施条例》,机动车驶近急弯、坡道顶端等影响安全视距的路段以及超车或者遇有紧急情况时,应当( ),并鸣喇叭示意。

  A.加速行驶   B.变速行驶   C.减速慢行   D.匀速行驶

正确答案:C

【试题解析】

《中华人民共和国道路交通安全法实施条例》第五十九条是与机动车有关的道路通行规定,也是对机动车驶近急弯、坡道顶端等影响安全视距的路段以及超车或者遇有紧急情况时的具体要求。

"第五十九条 ……

"机动车驶近急弯、坡道顶端等影响安全视距的路段以及超车或者遇有紧急情况时,应当减速慢行,并鸣喇叭示意。"

故本题选 C。

111.依据《中华人民共和国道路交通安全法实施条例》,机动车行经漫水路或者漫水桥时,应当停车察明水情,确认安全后,( )通过。

  A.加速   B.低速   C.匀速   D.变速

正确答案:B

【试题解析】

《中华人民共和国道路交通安全法实施条例》第六十四条是与机动车有关的道路通行规定,也是对机动车行经漫水路或者漫水桥时的具体要求。

"第六十四条 机动车行经漫水路或者漫水桥时,应当停车察明水情,确认安全后,低速通过。"

故本题选 B。

112.依据《中华人民共和国道路交通安全法实施条例》,机动车在道路上发生故障或者发生交通事故,妨碍交通又难以移动的,应当按照规定开启危险报警闪光灯并在车后( )处设置警告标志,夜间还应当同时开启示廓灯和后位灯。

  A.50 米至 100 米   B.50 米至 200 米

  C.100 米至 200 米   D.50 米至 150 米

正确答案:A

【试题解析】

《中华人民共和国道路交通安全法实施条例》第六十条是与机动车有关的道路通行规定,也是机动车在道路上发生故障或者发生交通事故,妨碍交通又难以移动时的相关操以及具体要求。

"第六十条 机动车在道路上发生故障或者发生交通事故,妨碍交通又难以移动的,应当按照规定开启危险报警闪光灯并在车后 50 米至 100 米处设置警告标志,夜间还应当同时开启示廓灯和后位灯。"

故本题选 A。

113.依据《中华人民共和国道路交通安全法实施条例》,机动车载运超限物品行经铁路道口的,应当按照当地( )指定的铁路道口、时间通过。

  A.公安部门 B.交通部门 C.应急部门 D.铁路部门

正确答案:D

【试题解析】

《中华人民共和国道路交通安全法实施条例》第六十五条是与机动车有关的道路通行规定,也是对机动车载运超限物品行经铁路道口时行驶的具体要求。

"第六十五条 机动车载运超限物品行经铁路道口的,应当按照当地铁路部门指定的铁路道口、时间通过。

"……"

故本题选 D。

114.依据《中华人民共和国道路交通安全法实施条例》,机动车上下渡船时,应当( )。

  A.加速通行 B.低速慢行 C.正常速度过 D.直接通过

正确答案:B

【试题解析】

《中华人民共和国道路交通安全法实施条例》第六十五条是与机动车有关的道路通行规定,也是对机动车行经渡口时的具体要求。

"第六十五条 ……

"机动车行经渡口,应当服从渡口管理人员指挥,按照指定地点依次待渡。机动车上下渡船时,应当低速慢行。

"……"

故本题选 B。

115. 依据《中华人民共和国道路交通安全法实施条例》,在高速公路上行驶的小型载客汽车最高车速不得超过每小时 120 公里,其他机动车不得超过每小时( )公里,摩托车不得超过每小时 80 公里。

  A. 120   B. 110   C. 100   D. 90

正确答案:C

【试题解析】

《中华人民共和国道路交通安全法实施条例》第七十八条是与机动车有关的道路通行规定,也是对在高速公路上行驶的不同类型机动车最高车速的具体规定。

"第七十八条 ……

"在高速公路上行驶的小型载客汽车最高车速不得超过每小时 120 公里,其他机动车不得超过每小时 100 公里,摩托车不得超过每小时 80 公里。

"……"

故本题选 C。

116. 依据《中华人民共和国道路交通安全法实施条例》,机动车从匝道驶入高速公路,应当开启( ),在不妨碍已在高速公路内的机动车正常行驶的情况下驶入车道。

  A. 左转向灯   B. 右转向灯

  C. 危险报警闪光灯   D. 远光灯

正确答案:A

【试题解析】

《中华人民共和国道路交通安全法实施条例》第七十九条是与机动车有关的道路通行规定,也是对机动车从匝道驶入高速公路时的具体要求。

"第七十九条 机动车从匝道驶入高速公路,应当开启左转向灯,在不妨碍已在高速公路内的机动车正常行驶的情况下驶入车道。

"……"

故本题选 A。

117. 依据《中华人民共和国道路交通安全法实施条例》,机动车驶离高速公路时,应当开启右转向灯,驶入减速车道,( )后驶离。

  A. 保持车速   B. 正常车速

  C. 加快车速   D. 降低车速

正确答案:D

【试题解析】

《中华人民共和国道路交通安全法实施条例》第七十九条是与机动车有关的道路通行规定,也是对机动车驶离高速公路时的具体要求。

"第七十九条 ……

"机动车驶离高速公路时,应当开启右转向灯,驶入减速车道,降低车速后驶离。"

故本题选 D。

118. 依据《中华人民共和国道路交通安全法实施条例》,机动车在高速公路上行驶,车速超过每小时 100 公里时,应当与同车道前车保持 100 米以上的距离,车速低于每小时 100 公里时,与同车道前车距离可以适当缩短,但最小距离不得少于( )米。

  A. 50   B. 100   C. 150   D. 200

正确答案:A

【试题解析】

《中华人民共和国道路交通安全法实施条例》第八十条是与机动车有关的道路通行规定,也是对机动车在高速公路上行驶时在不同车速下与同车道前车保持车距的具体要求。

"第八十条 机动车在高速公路上行驶,车速超过每小时 100 公里时,应当与同车道前车保持 100 米以上的距离,车速低于每小时 100 公里时,与同车道前车距离可以适当缩短,但最小距离不得少于 50 米。"

故本题选 A。

119. 依据《中华人民共和国道路交通安全法实施条例》,机动车在高速公路上行驶,遇有雾、雨、雪、沙尘、冰雹等低能见度气象条件时,应当在能见度小于 200 米时,开启雾灯、近光灯、示廓灯和前后位灯,车速不得超过每小时( )公里,与同车道前车保持 100 米以上的距离。

  A. 30   B. 40   C. 50   D. 60

正确答案:D

【试题解析】

《中华人民共和国道路交通安全法实施条例》第八十一条是与机动车有关的道路通行规定,也是对机动车在高速公路上遇有雾、雨、雪、沙尘、冰雹等低能见度气象条件时行驶的具体要求。

"第八十一条 机动车在高速公路上行驶,遇有雾、雨、雪、沙尘、冰雹等低能见度气象条件时,应当遵守下列规定:

"(一)能见度小于 200 米时,开启雾灯、近光灯、示廓灯和前后位灯,车速不得超过每小时 60 公里,与同车道前车保持 100 米以上的距离;

"……"

故本题选 D。

120. 依据《中华人民共和国道路交通安全法实施条例》,机动车在高速公路上行驶,遇有雾、雨、雪、沙尘、冰雹等低能见度气象条件时,应当在能见度小于 100 米时,开启雾灯、近光灯、示廓灯、前后位灯和危险报警闪光灯,车速不得超过每小时( )公里,与同车道前车保持50米以上的距离。

  A.30   B.40   C.50   D.60

正确答案:B

【试题解析】

《中华人民共和国道路交通安全法实施条例》第八十一条是与机动车有关的道路通行规定,也是对机动车在高速公路上遇有雾、雨、雪、沙尘、冰雹等低能见度气象条件时行驶的具体要求。

"第八十一条 机动车在高速公路上行驶,遇有雾、雨、雪、沙尘、冰雹等低能见度气象条件时,应当遵守下列规定:

"……

"(二)能见度小于100米时,开启雾灯、近光灯、示廓灯、前后位灯和危险报警闪光灯,车速不得超过每小时40公里,与同车道前车保持50米以上的距离;

"……"

故本题选 B。

121.依据《中华人民共和国道路交通安全法实施条例》,机动车在高速公路上行驶,遇有雾、雨、雪、沙尘、冰雹等低能见度气象条件时,应当在能见度小于50米时,开启雾灯、近光灯、示廓灯、前后位灯和危险报警闪光灯,车速不得超过每小时( )公里,并从最近的出口尽快驶离高速公路。

  A.20   B.30   C.40   D.50

正确答案:A

【试题解析】

《中华人民共和国道路交通安全法实施条例》第八十一条是与机动车有关的道路通行规定,也是对机动车在高速公路上遇有雾、雨、雪、沙尘、冰雹等低能见度气象条件时行驶的具体要求。

"第八十一条 机动车在高速公路上行驶,遇有雾、雨、雪、沙尘、冰雹等低能见度气象条件时,应当遵守下列规定:

"……

"(三)能见度小于50米时,开启雾灯、近光灯、示廓灯、前后位灯和危险报警闪光灯,车速不得超过每小时20公里,并从最近的出口尽快驶离高速公路。

"……"

故本题选 A。

122.机动车与机动车、机动车与非机动车在道路上发生未造成人身伤亡的交通事故,( ),在记录交通事故的时间、地点、对方当事人的姓名和联系方式、机动车牌号、驾驶证号、保险凭证号、碰撞部位,并共同签名后,撤离现场,自行协商损害赔偿事宜。

A. 当事人对事实及成因无争议的

B. 当事人对事实无争议的

C. 当事人对成因无争议的

D. 当事人对事实及成因还有一定争议的

正确答案:A

【试题解析】

《中华人民共和国道路交通安全法实施条例》第八十六条是关于交通事故当事人自行协商处理的适用情形及基本要求,也是对机动车与机动车、机动车与非机动车在道路上发生未造成人身伤亡的交通事故时处理的具体要求。

"第八十六条　机动车与机动车、机动车与非机动车在道路上发生未造成人身伤亡的交通事故,当事人对事实及成因无争议的,在记录交通事故的时间、地点、对方当事人的姓名和联系方式、机动车牌号、驾驶证号、保险凭证号、碰撞部位,并共同签名后,撤离现场,自行协商损害赔偿事宜。当事人对交通事故事实及成因有争议的,应当迅速报警。"

故本题选 A。

123.依据《中华人民共和国道路交通安全法实施条例》,投保机动车第三者责任强制保险的机动车发生交通事故,因抢救受伤人员需要保险公司支付抢救费用的,由(　　)通知保险公司。

A.公安机关交通管理部门　　　　B.交通管理部门

C.应急管理部门　　　　　　　　D.企业

正确答案:A

【试题解析】

《中华人民共和国道路交通安全法实施条例》第九十条是关于车辆保险管理要求的规定。

"第九十条　投保机动车第三者责任强制保险的机动车发生交通事故,因抢救受伤人员需要保险公司支付抢救费用的,由公安机关交通管理部门通知保险公司。

"……"

故本题选 A。

124.依据《中华人民共和国道路交通安全法实施条例》,发生交通事故后当事人逃逸的,逃逸的当事人承担(　　)。但是,有证据证明对方当事人也有过错的,可以减轻责任。

A.全部责任　　B.主要责任　　C.部分责任　　D.一定责任

正确答案:A

【试题解析】

《中华人民共和国道路交通安全法实施条例》第九十二条是关于交通肇事逃逸责任的规定,也是对发生交通事故后当事人逃逸追责的具体规定。

"第九十二条 发生交通事故后当事人逃逸的,逃逸的当事人承担全部责任。但是,有证据证明对方当事人也有过错的,可以减轻责任。"

故本题选 A。

125.依据《国务院关于城市优先发展公共交通的指导意见》,按照智能化、综合化、人性化的要求,推进信息技术在城市公共交通运营管理、服务监管和行业管理等方面的应用,重点建设公众出行信息服务系统、车辆运营调度管理系统、(　　)。

　　A.安全监控系统和应急处置系统　　　B.安全管理系统
　　C.安全监控系统　　　　　　　　　　D.应急处置系统

正确答案:A

【试题解析】

《国务院关于城市优先发展公共交通的指导意见》第四条第七款规定:鼓励智能交通发展,是关于城市公共汽电车安全生产要求的规定,也是智能交通发展的具体要求。

"(七)鼓励智能交通发展。

"按照智能化、综合化、人性化的要求,推进信息技术在城市公共交通运营管理、服务监管和行业管理等方面的应用,重点建设公众出行信息服务系统、车辆运营调度管理系统、安全监控系统和应急处置系统……"

故本题选 A。

126.根据《国务院关于城市优先发展公共交通的指导意见》,城市公共交通企业作为(　　),要完善各项规章制度和岗位规范,健全安全管理机构。

　　A.安全管理主体　　　　　　　　　　B.安全责任主体
　　C.安全体制主体　　　　　　　　　　D.安全应急主体

正确答案:B

【试题解析】

《国务院关于城市优先发展公共交通的指导意见》第五条第四款规定:健全安全管理制度,是关于城市公共汽电车安全生产要求的规定,也是城市公共交通企业完善安全管理制度的具体要求。

"(四)健全安全管理制度。

"……

"城市公共交通企业作为安全责任主体,要完善各项规章制度和岗位规范,健全安全管理机构,配备专职管理人员,落实安全管理责任,加大经费投入,定期开展安全检查和隐患排查,严格实施车辆维修和报废制度,增强突发事件防范和应急能力……"

故本题选 B。

127.根据《国务院关于城市优先发展公共交通的指导意见》,城市公共交通企业要完善各项规章制度和岗位规范,健全安全管理机构,配备(　　)管理人员。

　　A.专职　　　　　B.兼职　　　　　C.专职或兼职　　　　　D.专职和兼职

正确答案:A

【试题解析】

《国务院关于城市优先发展公共交通的指导意见》第五条第四款规定:健全安全管理制度,是关于城市公共汽电车安全生产要求的规定,也是城市公共交通企业完善安全管理制度的具体要求。

"(四)健全安全管理制度。

"……

"城市公共交通企业作为安全责任主体,要完善各项规章制度和岗位规范,健全安全管理机构,配备专职管理人员,落实安全管理责任,加大经费投入,定期开展安全检查和隐患排查,严格实施车辆维修和报废制度,增强突发事件防范和应急能力……"

故本题选 A。

128.根据《国务院关于城市优先发展公共交通的指导意见》,城市公共交通企业要定期开展( ),严格实施车辆维修和报废制度,增强突发事件防范和应急能力。

  A.安全检查   B.隐患排查

  C.安全检查和隐患排查   D.安全检查或隐患排查

正确答案:C

【试题解析】

《国务院关于城市优先发展公共交通的指导意见》第五条第四款规定:健全安全管理制度,是关于城市公共汽电车安全生产要求的规定,也是城市公共交通企业完善安全管理制度的具体要求。

"(四)健全安全管理制度。

"……

城市公共交通企业作为安全责任主体,要完善各项规章制度和岗位规范,健全安全管理机构,配备专职管理人员,落实安全管理责任,加大经费投入,定期开展安全检查和隐患排查,严格实施车辆维修和报废制度,增强突发事件防范和应急能力……"

故本题选 C。

129.依据《城市公共汽车和电车客运管理规定》,获得城市公共汽电车线路运营权的运营企业,应当按照线路特许经营协议要求提供连续服务,( )。

  A.不得擅自停止运营   B.不得擅自扩展运营

  C.不得擅自更改运营   D.不得擅自转让运营

正确答案:A

【试题解析】

《城市公共汽车和电车客运管理规定》第十九条是关于城市公共汽电车运营管理的规定,也是对获得城市公共汽电车线路运营权的运营企业运营的具体要求。

"第十九条 获得城市公共汽电车线路运营权的运营企业,应当按照线路特许经营协议要求提供连续服务,不得擅自停止运营。

"……"

故本题选 A。

130.依据《城市公共汽车和电车客运管理规定》,运营企业需要暂停城市公共汽电车线路运营的,应当提前(   )个月向城市公共交通主管部门提出报告。

  A.1   B.2   C.3   D.4

正确答案:C

【试题解析】

《城市公共汽车和电车客运管理规定》第十九条是关于城市公共汽电车运营管理的规定,也是对获得城市公共汽电车线路运营权的运营企业运营的具体要求。

"第十九条 获得城市公共汽电车线路运营权的运营企业,应当按照线路特许经营协议要求提供连续服务,不得擅自停止运营。

"运营企业需要暂停城市公共汽电车线路运营的,应当提前3个月向城市公共交通主管部门提出报告……"

故本题选 C。

131.依据《城市公共汽车和电车客运管理规定》,运营企业需要暂停城市公共汽电车线路运营的,应当按照城市公共交通主管部门的要求,自拟暂停之日(   )日前向社会公告。

  A.5   B.6   C.7   D.8

正确答案:C

【试题解析】

《城市公共汽车和电车客运管理规定》第十九条是关于城市公共汽电车运营管理的规定,也是对获得城市公共汽电车线路运营权的运营企业运营的具体要求。

"第十九条 ……

"运营企业应当按照城市公共交通主管部门的要求,自拟暂停之日 7 日前向社会公告;城市公共交通主管部门应当根据需要,采取临时指定运营企业、调配车辆等应对措施,保障社会公众出行需求。"

故本题选 C。

132.依据《城市公共汽车和电车客运管理规定》运营企业应当按照线路特许经营协议确定的(   )符合有关标准规定的城市公共汽电车车辆,并报城市公共交通主管部门备案。

  A. 数量、车型配备   B.数量
  C.车型配备   D.数量或车型配备

正确答案:A

【试题解析】

《城市公共汽车和电车客运管理规定》第二十四条是关于城市公共汽电车运营管理的规

定,也是对运营企业配备运营车辆的具体要求。

"第二十四条 运营企业应当按照线路特许经营协议确定的数量、车型配备符合有关标准规定的城市公共汽电车车辆,并报城市公共交通主管部门备案。"

故本题选 A。

133.依据《城市公共汽车和电车客运管理规定》,运营企业聘用的从事城市公共汽电车客运的驾驶员、乘务员,应当具有履行( )的能力。

  A.岗位职责 B.岗位责任 C.岗位任务 D.岗位工作

正确答案:A

【试题解析】

《城市公共汽车和电车客运管理规定》第二十七条是关于城市公共汽电车运营管理的规定,也是对运营企业聘用的从事城市公共汽电车客运的驾驶员、乘务员的具体要求。

"第二十七条 运营企业聘用的从事城市公共汽电车客运的驾驶员、乘务员,应当具备以下条件:

"(一)具有履行岗位职责的能力;

"……"

故本题选 A。

134.依据《城市公共汽车和电车客运管理规定》,运营企业聘用的从事城市公共汽电车客运的驾驶员、乘务员,应当身心健康,无可能危及( )的疾病或者病史。

  A.运营调度   B.运营安全

  C.车辆行驶   D.乘客安全

正确答案:B

【试题解析】

《城市公共汽车和电车客运管理规定》第二十七条是关于城市公共汽电车运营管理的规定,也是对运营企业聘用的从事城市公共汽电车客运的驾驶员、乘务员得具体要求。

"第二十七条 运营企业聘用的从事城市公共汽电车客运的驾驶员、乘务员,应当具备以下条件:

"……

"(二)身心健康,无可能危及运营安全的疾病或者病史;

"……"

故本题选 B。

135.依据《城市公共汽车和电车客运管理规定》,运营企业聘用的从事城市公共汽电车客运的驾驶员、乘务员,应当( )记录。

  A.无吸毒   B.无暴力犯罪

  C.无吸毒或者暴力犯罪   D.无吸毒、无犯罪

正确答案:C

【试题解析】

《城市公共汽车和电车客运管理规定》第二十七条是关于城市公共汽电车运营管理的规定,也是对运营企业聘用的从事城市公共汽电车客运的驾驶员、乘务员的具体要求。

"第二十七条　运营企业聘用的从事城市公共汽电车客运的驾驶员、乘务员,应当具备以下条件:

"……

"(三)无吸毒或者暴力犯罪记录。

"……"

故本题选 C。

136.依据《城市公共汽车和电车客运管理规定》,运营企业聘用的从事城市公共汽电车客运的驾驶员应当取得与(　　)相符的机动车驾驶证且实习期满。

  A.准驾车型 B.公交车型 C.客车车型 D.车型

正确答案:A

【试题解析】

《城市公共汽车和电车客运管理规定》第二十七条是关于城市公共汽电车运营管理的规定,也是对运营企业聘用的从事城市公共汽电车客运的驾驶员的具体要求。

"第二十七条　……

"从事城市公共汽电车客运的驾驶员还应当符合以下条件:

"(一)取得与准驾车型相符的机动车驾驶证且实习期满;

"……"

故本题选 A。

137.依据《城市公共汽车和电车客运管理规定》,运营企业聘用的从事城市公共汽电车客运的驾驶员应当最近连续(　　)个记分周期内没有记满12分违规记录。

  A.1 B.2 C.3 D.4

正确答案:C

【试题解析】

《城市公共汽车和电车客运管理规定》第二十七条是关于城市公共汽电车运营管理的规定,也是对运营企业聘用的从事城市公共汽电车客运的驾驶员的具体要求。

"第二十七条　……

从事城市公共汽电车客运的驾驶员还应当符合以下条件:

"……

"(二)最近连续3个记分周期内没有记满12分违规记录;

"……"

故本题选 C。

138.依据《城市公共汽车和电车客运管理规定》,运营企业聘用的从事城市公共汽电车客运的驾驶员应当无交通肇事犯罪、危险驾驶犯罪记录,无(　　)驾驶记录。

A. 饮酒后 B. 疲劳 C. 超速 D. 违章

正确答案:A

【试题解析】

《城市公共汽车和电车客运管理规定》第二十七条是关于城市公共汽电车运营管理的规定,也是对运营企业聘用的从事城市公共汽电车客运的驾驶员的具体要求。

"第二十七条 ……

"从事城市公共汽电车客运的驾驶员还应当符合以下条件:

"……

"(三)无交通肇事犯罪、危险驾驶犯罪记录,无饮酒后驾驶记录。"

故本题选 A。

139.依据《城市公共汽车和电车客运管理规定》,运营企业应当将相关培训、考核情况建档备查,并报( )备案。

A. 城市公共交通主管部门 B. 交通运输主管部门
C. 城市交通主管部门 D. 交通主管部门

正确答案:A

【试题解析】

《城市公共汽车和电车客运管理规定》第二十八条是关于城市公共汽电车运营管理的规定,也是对运营企业建档备案的具体要求。

"第二十八条 ……运营企业应当将相关培训、考核情况建档备查,并报城市公共交通主管部门备案。"

故本题选 A。

140.依据《城市公共汽车和电车客运管理规定》,运营企业应当按照有关规范和标准对城市公共汽电车客运( )进行有关法律法规、岗位职责、操作规程、服务规范、安全防范和应急处置等基本知识与技能的培训和考核,安排培训、考核合格人员上岗。

A. 驾驶员 B. 乘务员
C. 驾驶员、乘务员 D. 安全员

正确答案:C

【试题解析】

《城市公共汽车和电车客运管理规定》第二十八条是关于城市公共汽电车运营管理的规定,也是对运营企业培训和考核驾驶员、乘务员的具体要求。

"第二十八条 运营企业应当按照有关规范和标准对城市公共汽电车客运驾驶员、乘务员进行有关法律法规、岗位职责、操作规程、服务规范、安全防范和应急处置等基本知识与技能的培训和考核,安排培训、考核合格人员上岗……"

故本题选 C。

141.依据《城市公共汽车和电车客运管理规定》,由于交通管制、城市建设、重大公共活动、公共突发事件等影响城市公共汽电车线路正常运营的,城市公共交通主管部门和运营企业应当及时向(　　)公告相关线路运营的变更、暂停情况,并采取相应措施,保障社会公众出行需求。

  A.公众   B.大众   C.社会   D.老百姓

  正确答案:C

  【试题解析】

  《城市公共汽车和电车客运管理规定》第三十三条是关于城市公共汽电车运营管理的规定,也是对城市公共交通主管部门和运营企业保障社会公众出行需求的具体要求。

  "第三十三条　由于交通管制、城市建设、重大公共活动、公共突发事件等影响城市公共汽电车线路正常运营的,城市公共交通主管部门和运营企业应当及时向社会公告相关线路运营的变更、暂停情况,并采取相应措施,保障社会公众出行需求。"

  故本题选 C。

142.依据《城市公共汽车和电车客运管理规定》,城市公共汽电车客运场站等服务设施的日常管理单位应当按照有关标准和规定,对场站等服务设施进行(　　),定期进行维修、保养,保持其技术状况、安全性能符合国家标准,维护场站的正常运营秩序。

  A.日常管理 B.定期管理 C.不定期管理 D.日常维护

  正确答案:A

  【试题解析】

  《城市公共汽车和电车客运管理规定》第三十六条是关于城市公共汽电车运营管理的规定,也是对城市公共汽电车客运场站设施维护的具体要求。

  "第三十六条　城市公共汽电车客运场站等服务设施的日常管理单位应当按照有关标准和规定,对场站等服务设施进行日常管理,定期进行维修、保养,保持其技术状况、安全性能符合国家标准,维护场站的正常运营秩序。"

  故本题选 A。

143.依据《城市公共汽车和电车客运管理规定》运营企业应当按照国家有关标准,定期对城市公共电车触线网、馈线网、整流站等供配电设施进行(　　),保证其正常使用,并按照国家有关规定设立保护标识。

  A.维护   B.维修   C.保养   D.检查

  正确答案:A

  【试题解析】

  《城市公共汽车和电车客运管理规定》第三十七条是关于城市公共汽电车运营管理的规定,也是对城市公共汽电车客运场站供配电设施维护的具体要求。

  "第三十七条　运营企业应当按照国家有关标准,定期对城市公共电车触线网、馈线网、整流站等供配电设施进行维护,保证其正常使用,并按照国家有关规定设立保护标识。"

  故本题选 A。

144. 依据《城市公共汽车和电车客运管理规定》,广告设置不得有覆盖站牌标识和车辆运营标识、(　　)等影响运营安全的情形。

　　A. 影响车辆整洁、美观　　　　　　B. 妨碍车辆行驶安全视线
　　C. 妨碍乘客乘车视线　　　　　　　D. 影响驾驶员行车视线

正确答案:B

【试题解析】

《城市公共汽车和电车客运管理规定》第四十三条是关于城市公共汽电车运营管理的规定,也是对城市公共汽电车广告设置的具体要求。

"第四十三条　运营企业利用城市公共汽电车客运服务设施和车辆设置广告的,应当遵守有关广告管理的法律、法规及标准。广告设置不得有覆盖站牌标识和车辆运营标识、妨碍车辆行驶安全视线等影响运营安全的情形。"

故本题选 B。

145. 依据《城市公共汽车和电车客运管理规定》,(　　)是城市公共汽电车客运安全生产的责任主体。

　　A. 企业主要负责人　　　　　　　　B. 企业安全生产管理人员
　　C. 运营企业　　　　　　　　　　　D. 驾驶员

正确答案:C

【试题解析】

《城市公共汽车和电车客运管理规定》第四十四条是关于城市公共汽电车运营管理的规定,也是对城市公共汽电车客运责任主体的具体要求。

"第四十四条　运营企业是城市公共汽电车客运安全生产的责任主体……"

故本题选 C。

146. 依据《城市公共汽车和电车客运管理规定》,运营企业应当建立健全企业(　　)制度。

　　A. 管理　　　　　　　　　　　　　B. 生产管理
　　C. 运营管理　　　　　　　　　　　D. 安全生产管理

正确答案:D

【试题解析】

《城市公共汽车和电车客运管理规定》第四十四条是关于城市公共汽电车运营管理的规定,也是对运营企业建立健全企业安全生产管理制度的具体要求。

"第四十四条　……运营企业应当建立健全企业安全生产管理制度,设置安全生产管理机构或者配备专职安全生产管理人员,保障安全生产经费投入,增强突发事件防范和应急处置能力,定期开展安全检查和隐患排查,加强安全乘车和应急知识宣传。"

故本题选 D。

147. 依据《城市公共汽车和电车客运管理规定》,运营企业应当设置(　　)或者配备专

职安全生产管理人员。

  A. 管理机构   B. 安全生产管理机构
  C. 生产管理部门   D. 管理部门

正确答案：B

【试题解析】

《城市公共汽车和电车客运管理规定》第四十四条是关于城市公共汽电车运营管理的规定，也是对运营企业建立健全企业安全生产管理制度的具体要求。

"第四十四条 ……运营企业应当建立健全企业安全生产管理制度，设置安全生产管理机构或者配备专职安全生产管理人员，保障安全成产经费投入，增强突发事件防范和应急处置能力，定期开展安全检查和隐患排查，加强安全乘车和应急知识宣传。"

故本题选 B。

148. 依据《城市公共汽车和电车客运管理规定》，运营企业应当保障（　　）投入。

  A. 经费   B. 安全生产经费
  C. 生产专项经费   D. 生产专项资金

正确答案：B

【试题解析】

《城市公共汽车和电车客运管理规定》第四十四条是关于城市公共汽电车运营管理的规定，也是对运营企业建立健全企业安全生产管理制度的具体要求。

"第四十四条 ……运营企业应当建立健全企业安全生产管理制度，设置安全生产管理机构或者配备专职安全生产管理人员，保障安全生产经费投入，增强突发事件防范和应急处置能力，定期开展安全检查和隐患排查，加强安全乘车和应急知识宣传。"

故本题选 B。

149. 依据《城市公共汽车和电车客运管理规定》，运营企业应当增强突发事件防范和（　　）能力。

  A. 应急处置   B. 应急管理   C. 现场处置   D. 应急救援

正确答案：A

【试题解析】

《城市公共汽车和电车客运管理规定》第四十四条是关于城市公共汽电车运营管理的规定，也是对运营企业建立健全企业安全生产管理制度的具体要求。

"第四十四条 ……运营企业应当建立健全企业安全生产管理制度，设置安全生产管理机构或者配备专职安全生产管理人员，保障安全生产经费投入，增强突发事件防范和应急处置能力，定期开展安全检查和隐患排查，加强安全乘车和应急知识宣传。"

故本题选 A。

150. 依据《城市公共汽车和电车客运管理规定》，运营企业应当定期开展安全检查和（　　）。

A. 风险管控　　　B. 风险排查　　　C. 隐患抽查　　　D. 隐患排查

正确答案：D

【试题解析】

《城市公共汽车和电车客运管理规定》第四十四条是关于城市公共汽电车运营管理的规定，也是对运营企业建立健全企业安全生产管理制度的具体要求。

"第四十四条　……运营企业应当建立健全企业安全生产管理制度，设置安全生产管理机构或者配备专职安全生产管理人员，保障安全生产经费投入，增强突发事件防范和应急处置能力，定期开展安全检查和隐患排查，加强安全乘车和应急知识宣传。"

故本题选 D。

151. 依据《城市公共汽车和电车客运管理规定》，运营企业应当加强安全乘车和（　　）宣传。

A. 相关知识　　　B. 应急知识　　　C. 预防知识　　　D. 操作知识

正确答案：B

【试题解析】

《城市公共汽车和电车客运管理规定》第四十四条是关于城市公共汽电车运营管理的规定，也是对运营企业建立健全企业安全生产管理制度的具体要求。

"第四十四条　……运营企业应当建立健全企业安全生产管理制度，设置安全生产管理机构或者配备专职安全生产管理人员，保障安全生产经费投入，增强突发事件防范和应急处置能力，定期开展安全检查和隐患排查，加强安全乘车和应急知识宣传。"

故本题选 B。

152. 依据《城市公共汽车和电车客运管理规定》，运营企业应当制定城市公共汽电车客运运营安全操作规程，加强对驾驶员、乘务员等从业人员的安全管理和教育培训。驾驶员、乘务员等从业人员在运营过程中应当执行（　　）。

A. 安全操作规程　　　　　　B. 生产管理制度
C. 应急预案　　　　　　　　D. 安全主体责任

正确答案：A

【试题解析】

《城市公共汽车和电车客运管理规定》第四十五条是关于城市公共汽电车运营管理的规定，也是对运营企业制定城市公共汽电车客运运营安全操作规程的具体要求。

"第四十五条　运营企业应当制定城市公共汽电车客运运营安全操作规程，加强对驾驶员、乘务员等从业人员的安全管理和教育培训。驾驶员、乘务员等从业人员在运营过程中应当执行安全操作规程。"

故本题选 A。

153. 依据《城市公共汽车和电车客运管理规定》，运营企业应当对城市公共汽电车客运服务设施设备建立安全生产管理制度，落实责任制，加强对有关设施设备的（　　）。

A.管理和维护　　　B.管理　　　　　　C.维护　　　　　　D.维修

正确答案:A

【试题解析】

《城市公共汽车和电车客运管理规定》第四十六条是关于城市公共汽电车运营管理的规定,也是对运营企业建立安全生产管理制度的具体要求。

"第四十六条　运营企业应当对城市公共汽电车客运服务设施设备建立安全生产管理制度,落实责任制,加强对有关设施设备的管理和维护。"

故本题选 A。

154.依据《城市公共汽车和电车客运管理规定》,运营企业应当建立城市公共汽电车车辆安全管理制度,定期对运营车辆及附属设备进行检测、维护、更新,保证其处于良好状态。不得将(　　)的车辆投入运营。

A.存在安全隐患　　B.性能良好　　　C.在运营期内　　D.状态正常

正确答案:A

【试题解析】

《城市公共汽车和电车客运管理规定》第四十七条是关于城市公共汽电车运营管理的规定,也是对运营企业建立车辆安全管理制度的具体要求。

"第四十七条　运营企业应当建立城市公共汽电车车辆安全管理制度,定期对运营车辆及附属设备进行检测、维护、更新,保证其处于良好状态。不得将存在安全隐患的车辆投入运营。"

故本题选 A。

155.依据《城市公共汽车和电车客运管理规定》,运营企业应当在城市公共汽电车车辆和场站醒目位置设置安全警示标志、安全疏散示意图等,并为车辆配备灭火器、安全锤等(　　),保证安全应急设备处于良好状态。

A.设备　　　　　　　　　　　B.安全应急设备
C.装备　　　　　　　　　　　D.设施

正确答案:B

【试题解析】

《城市公共汽车和电车客运管理规定》第四十八条是关于城市公共汽电车运营管理的规定,也是对城市公共汽电车客运场站安全应急设备的具体要求。

"第四十八条　运营企业应当在城市公共汽电车车辆和场站醒目位置设置安全警示标志、安全疏散示意图等,并为车辆配备灭火器、安全锤等安全应急设备,保证安全应急设备处于良好状态。"

故本题选 B。

156.依据《城市公共汽车和电车客运管理规定》,禁止携带违禁物品乘车。运营企业应当在城市公共汽电车主要站点的醒目位置公布(　　)。有条件的,应当在城市公共汽电车车辆上张贴禁止携带违禁物品乘车的提示。

A.禁止携带的违禁物品目录　　B.生产用品目录
C.劳动用品目录　　　　　　　D.生活用品目录

正确答案：A

【试题解析】

《城市公共汽车和电车客运管理规定》第四十九条是关于城市公共汽电车运营管理的规定,也是对禁止携带违禁物品乘车的具体要求。

"第四十九条　禁止携带违禁物品乘车。运营企业应当在城市公共汽电车主要站点的醒目位置公布禁止携带的违禁物品目录。有条件的,应当在城市公共汽电车车辆上张贴禁止携带违禁物品乘车的提示。"

故本题选A。

157.依据《城市公共汽车和电车客运管理规定》,禁止携带违禁物品乘车。运营企业应当在城市公共汽电车主要站点的醒目位置公布禁止携带的违禁物品目录。有条件的,应当在城市公共汽电车车辆上张贴(　　)。

A.生产用品目录的提示　　　　B.劳动用品目录的提示
C.禁止携带违禁物品乘车的提示　D.生活用品目录的提示

正确答案：C

【试题解析】

《城市公共汽车和电车客运管理规定》第四十九条是关于城市公共汽电车运营管理的规定,也是对禁止携带违禁物品乘车的具体要求。

"第四十九条　禁止携带违禁物品乘车。运营企业应当在城市公共汽电车主要站点的醒目位置公布禁止携带的违禁物品目录。有条件的,应当在城市公共汽电车车辆上张贴禁止携带违禁物品乘车的提示。"

故本题选C。

158.依据《城市公共汽车和电车客运管理规定》,对于拒绝接受安全检查或者携带违禁物品的乘客,运营企业从业人员应当制止其乘车;制止无效的,及时报告(　　)处理。

A.交通部门　　　　　　　　　B.公安部门
C.城市公共交通管理部门　　　D.交通运输部门

正确答案：B

【试题解析】

《城市公共汽车和电车客运管理规定》第五十条是关于城市公共汽电车运营管理的规定,也是对城市公共汽电车安全检查的具体要求。

"第五十条　运营企业应当依照规定配备安保人员和相应设备设施,加强安全检查和保卫工作。乘客应当自觉接受、配合安全检查。对于拒绝接受安全检查或者携带违禁物品的乘客,运营企业从业人员应当制止其乘车;制止无效的,及时报告公安部门处理。"

故本题选 B。

159.依据《城市公共汽车和电车客运管理规定》,运营企业应当依照规定配备(　　),加强安全检查和保卫工作。

　　A.安保人员　　　　　　　　　　B.相应设备设施
　　C.安保人员或相应设备设施　　　D.安保人员和相应设备设施

正确答案:D

【试题解析】

《城市公共汽车和电车客运管理规定》第五十条是关于城市公共汽电车运营管理的规定,也是对城市公共汽电车安全检查的具体要求。

"第五十条　运营企业应当依照规定配备安保人员和相应设备设施,加强安全检查和保卫工作。乘客应当自觉接受、配合安全检查。对于拒绝接受安全检查或者携带违禁物品的乘客,运营企业从业人员应当制止其乘车;制止无效的,及时报告公安部门处理。"

故本题选 D。

160.依据《城市公共汽车和电车客运管理规定》,发生安全事故或者影响城市公共汽电车客运运营安全的突发事件时,城市公共交通主管部门、运营企业等应当按照(　　)及时采取应急处置措施。

　　A.安全管理规定　　　　B.安全制度
　　C.应急预案　　　　　　D.现场处置方案

正确答案:C

【试题解析】

《城市公共汽车和电车客运管理规定》第五十二条是关于城市公共汽电车运营管理的规定,也是对城市公共汽电车客运运营应急处置的具体要求。

"第五十二条　……

"发生安全事故或者影响城市公共汽电车客运运营安全的突发事件时,城市公共交通主管部门、运营企业等应当按照应急预案及时采取应急处置措施。"

故本题选 C。

161.依据《城市公共汽车和电车客运管理规定》,任何单位和个人都有保护城市公共汽电车客运服务设施的义务,不得(　　)城市公共汽电车车辆、设施设备。

　　A.破坏　　　　B.盗窃　　　　C.破坏、盗窃　　　　D.破坏或盗窃

正确答案:C

【试题解析】

《城市公共汽车和电车客运管理规定》第五十四条是关于城市公共汽电车运营管理的规定,也是对保护城市公共汽电车客运服务设施义务的具体要求。

"第五十四条　任何单位和个人都有保护城市公共汽电车客运服务设施的义务,不得有下列行为:

"(一)破坏、盗窃城市公共汽电车车辆、设施设备;
"……"

故本题选 C。

162.依据《城市公共汽车和电车客运管理规定》,任何单位和个人都有保护城市公共汽电车客运服务设施的义务,不得擅自(　　)城市公共汽电车客运服务设施或者挪作他用。

  A.关闭　　　　　B.侵占　　　　　C.拆除　　　　　D.关闭、侵占、拆除

正确答案:D

【试题解析】

《城市公共汽车和电车客运管理规定》第五十四条是关于城市公共汽电车运营管理的规定,也是对保护城市公共汽电车客运服务设施义务的具体要求。

"第五十四条　任何单位和个人都有保护城市公共汽电车客运服务设施的义务,不得有下列行为:

"……

"(二)擅自关闭、侵占、拆除城市公共汽电车客运服务设施或者挪作他用;

"……"

故本题选 D。

163.依据《城市公共汽车和电车客运管理规定》,任何单位和个人都有保护城市公共汽电车客运服务设施的义务,不得(　　)电车供电设施及其保护标识,在电车架线杆、馈线安全保护范围内修建建筑物、构筑物或者堆放、悬挂物品,搭设管线、电(光)缆。

  A.损坏　　　　　B.覆盖　　　　　C.移除　　　　　D.损坏、覆盖

正确答案:D

【试题解析】

《城市公共汽车和电车客运管理规定》第五十四条是关于城市公共汽电车运营管理的规定,也是对保护城市公共汽电车客运服务设施义务的具体要求。

"第五十四条　任何单位和个人都有保护城市公共汽电车客运服务设施的义务,不得有下列行为:

"……

"(三)损害、覆盖电车供电设施及其保护标识,在电车架线杆、馈线安全保护范围内修建建筑物、构筑物或者堆放、悬挂物品,搭设管线、电(光)缆;

"……"

故本题选 D。

164.依据《城市公共汽车和电车客运管理规定》,任何单位和个人都有保护城市公共汽电车客运服务设施的义务,不得擅自覆盖、涂改、污损、毁坏或者(　　)站牌。

  A.迁移　　　　　B.拆除　　　　　C.迁移、拆除　　　　　D.转让

正确答案:C

【试题解析】

《城市公共汽车和电车客运管理规定》第五十四条是关于城市公共汽电车运营管理的规定,也是对保护城市公共汽电车客运服务设施义务的具体要求。

"第五十四条 任何单位和个人都有保护城市公共汽电车客运服务设施的义务,不得有下列行为:

"……

"(四)擅自覆盖、涂改、污损、毁坏或者拆除站牌;

"……"

故本题选 C。

165.依据《城市公共汽车和电车客运管理规定》,运营企业有下列行为之一的,由城市公共交通主管部门责令限期改正;逾期未改正的,处(　　)的罚款:

(一)未定期对城市公共汽电车车辆及其安全设施设备进行检测、维护、更新的;

(二)未在城市公共汽电车车辆和场站醒目位置设置安全警示标志、安全疏散示意图和安全应急设备的;

(三)使用不具备本规定第二十七条规定条件的人员担任驾驶员、乘务员的;

(四)未对拟担任驾驶员、乘务员的人员进行培训、考核的。

A.5000 元以上 1 万元以下　　　　B.2000 元以上 5000 元以下

C.1 万元以上 2 万元以下　　　　　D.5000 元以下

正确答案:A

【试题解析】

《城市公共汽车和电车客运管理规定》第六十二条是关于城市公共汽电车运营应承担的法律责任的规定,也是对运营企业限期整改情况的具体要求。

"第六十二条 运营企业有下列行为之一的,由城市公共交通主管部门责令限期改正;逾期未改正的,处5000元以上1万元以下的罚款:

"(一)未定期对城市公共汽电车车辆及其安全设施设备进行检测、维护、更新的;

"(二)未在城市公共汽电车车辆和场站醒目位置设置安全警示标志、安全疏散示意图和安全应急设备的;

"(三)使用不具备本规定第二十七条规定条件的人员担任驾驶员、乘务员的;

"(四)未对拟担任驾驶员、乘务员的人员进行培训、考核的。"

故本题选 A。

166.依据《城市公共汽车和电车客运管理规定》,运营企业未制定应急预案并组织演练的,由城市公共交通主管部门责令限期改正,并处1万元以下的罚款。发生影响运营安全的突发事件时,运营企业未按照应急预案的规定采取应急处置措施,造成严重后果的,由城市公共交通主管部门处(　　)的罚款。

A.2 万元以上 3 万元以下　　　　　B.1 万元以上 2 万元以下

C. 5000 元以上 1 万元以下　　　　　　D. 5000 元以下

正确答案：A

【试题解析】

《城市公共汽车和电车客运管理规定》第六十三条是关于城市公共汽电车运营应承担的法律责任的规定,也是对运营企业限期整改的情况的具体要求。

"第六十三条　运营企业未制定应急预案并组织演练的,由城市公共交通主管部门责令限期改正,并处 1 万元以下的罚款。

"发生影响运营安全的突发事件时,运营企业未按照应急预案的规定采取应急处置措施,造成严重后果的,由城市公共交通主管部门处 2 万元以上 3 万元以下的罚款。"

故本题选 A。

167. 依据《城市公共汽车和电车客运管理规定》,城市公共汽电车客运场站和服务设施的日常管理单位未按照规定对有关场站设施进行管理和维护的,由城市公共交通主管部门责令限期改正;逾期未改正的,处(　　)的罚款。

　　A. 2 万元以上 3 万元以下　　　　　　B. 1 万元以上 2 万元以下
　　C. 5000 元以上 1 万元以下　　　　　　D. 1 万元以下

正确答案：D

【试题解析】

《城市公共汽车和电车客运管理规定》第六十四条是关于城市公共汽电车运营应承担的法律责任的规定,也是对运营企业限期整改的情况的具体要求。

"第六十四条　城市公共汽电车客运场站和服务设施的日常管理单位未按照规定对有关场站设施进行管理和维护的,由城市公共交通主管部门责令限期改正;逾期未改正的,处 1 万元以下的罚款。"

故本题选 D。

168. 依据《机动车强制报废标准规定》,公交客运汽车使用年限为(　　)年。
　　A. 10　　　　　B. 11　　　　　C. 12　　　　　D. 13

正确答案：D

【试题解析】

《机动车强制报废标准规定》第五条是关于车辆强制报废要求的规定,也是对公交客运汽车使用年限的具体要求。

"第五条　各类机动车使用年限分别如下：

"……

"(四)公交客运汽车使用 13 年;

"……"

故本题选 D。

169. 依据《机动车强制报废标准规定》,不同类型的营运载客汽车相互转换,按照使用年限( )的规定报废。

  A. 较严   B. 较短   C. 较长   D. 较松

正确答案:A

【试题解析】

《机动车强制报废标准规定》第六条是关于车辆强制报废要求的规定,也是对营运载客汽车相互转换报废使用年限的具体要求。

"第六条 变更使用性质或者转移登记的机动车应当按照下列有关要求确定使用年限和报废:

"……

"(二)不同类型的营运载客汽车相互转换,按照使用年限较严的规定报废;

"……"

故本题选 A。

170.依据《机动车强制报废标准规定》,国家对达到一定行驶里程的机动车引导报废。达到下列行驶里程的机动车,其所有人可以将机动车交售给报废机动车回收拆解企业,由报废机动车回收拆解企业按规定进行登记、拆解、销毁等处理,并将报废的机动车登记证书、号牌、行驶证交公安机关交通管理部门注销:其中,公交客运汽车行驶( )万千米。

  A. 10   B. 20   C. 30   D. 40

正确答案:D

【试题解析】

《机动车强制报废标准规定》第七条是关于车辆强制报废要求的规定,也是国家对达到一定行驶里程机动车引导报废的具体要求。

"第七条 国家对达到一定行驶里程的机动车引导报废。

"达到下列行驶里程的机动车,其所有人可以将机动车交售给报废机动车回收拆解企业,由报废机动车回收拆解企业按规定进行登记、拆解、销毁等处理,并将报废的机动车登记证书、号牌、行驶证交公安机关交通管理部门注销:

"……

"(四)公交客运汽车行驶40万千米;

"……"

故本题选 D。

171.根据《机动车运行安全技术条件》(GB 7258—2017),机动车连续行驶距离不小于10km,停车( )min 后观察,不应有滴漏现象。

  A. 2   B. 5   C. 10   D. 15

正确答案:B

【试题解析】

《机动车运行安全技术条件》(GB 7258—2017)中 4.10 是关于车辆安全技术要求的规

定,也是对机动车漏油检查的具体要求。

"4.10 漏油检查 机动车连续行驶距离不小于10km,停车5min后观察,不应有滴漏现象。"

故本题选B。

172.根据《机动车运行安全技术条件》(GB 7258—2017),汽车(纯电动汽车、燃料电池汽车和低速汽车除外)驾驶人耳旁噪声声级应小于或等于(　　)dB(A)。

　　A.90　　　　　　B.100　　　　　　C.110　　　　　　D.120

正确答案:A

【试题解析】

《机动车运行安全技术条件》(GB 7258—2017)中4.13驾驶人耳旁噪声要求下的4.13.1是关于车辆安全技术要求的规定,也是对驾驶人耳旁噪声的具体要求。

"4.13.1 汽车(纯电动汽车、燃料电池汽车和低速汽车除外)驾驶人耳旁噪声声级应小于或等于90dB(A)。"

故本题选A。

173.根据《机动车运行安全技术条件》(GB 7258—2017),发动机应能起动,怠速稳定,无异响,机油压力和温度正常。发动机功率应大于或等于标牌(或产品使用说明书)标明的发动机功率的(　　)。

　　A.50%　　　　　B.75%　　　　　C.95%　　　　　D.100%

正确答案:B

【试题解析】

《机动车运行安全技术条件》(GB 7258—2017)中5.发动机下的5.1,是关于车辆安全技术要求的规定,也是对机动车发动机的具体要求。

"5.1 发动机应能起动,怠速稳定,无异响,机油压力和温度正常。发动机功率应大于等于标牌(或产品使用说明书)标明的发动机功率的75%。"

故本题选B。

174.根据《机动车运行安全技术条件》(GB 7258—2017),机动车(摩托车、三轮汽车、手扶拖拉机运输机组除外)正常行驶时,转向轮转向后应有一定的(　　)(允许有残余角),以使机动车具有稳定的直线行驶能力。

　　A.回正能力　　　B.反弹能力　　　C.恢复能力　　　D.复原能力

正确答案:A

【试题解析】

《机动车运行安全技术条件》(GB 7258—2017)中6.转向系下的6.3,是关于车辆安全技术要求的规定,也是对机动车转向系统的具体要求。

"6.3 机动车(摩托车、三轮汽车、手扶拖拉机运输机组除外)正常行驶时,转向轮转向后应有一定的回正能力(允许有残余角),以使机动车具有稳定的直线行驶能力。"

故本题选 A。

175. 根据《机动车运行安全技术条件》(GB 7258—2017),机动车在平坦、硬实、干燥和清洁的道路上行驶不应跑偏,其转向盘(或转向把)不应有(　　)等异常现象。

  A. 摆动   B. 振动   C. 摆振   D. 路感不灵

正确答案:C

【试题解析】

《机动车运行安全技术条件》(GB 7258—2017)中6. 转向系下的6.7,是关于车辆安全管理及技术要求的规定,也是对机动车转向系统的具体要求。

"6.7　机动车在平坦、硬实、干燥和清洁的道路上行驶不应跑偏,其转向盘(或转向把)不应有摆振等异常现象。"

故本题选 C。

176. 根据《机动车运行安全技术条件》(GB 7258—2017),机动车应设置足以使其减速、停车和驻车的(　　),且行车制动的控制装置与驻车制动的控制装置应相互独立。

  A. 制动系统   B. 制动装置

  C. 制动系统或装置   D. 行车制动系统或装置

正确答案:C

【试题解析】

《机动车运行安全技术条件》(GB 7258—2017)中7.1 基本要求下的7.1.1,是关于车辆安全管理及技术要求的规定,也是对机动车制动系统的具体要求。

"7.1.1　机动车应设置足以使其减速、停车和驻车的制动系统或装置,且行车制动的控制装置与驻车制动的控制装置应相互独立。"

故本题选 C。

177. 根据《机动车运行安全技术条件》(GB 7258—2017),制动踏板(包括教练车的副制动踏板)及其支架、制动主缸及其活塞、制动总阀、制动气室、轮缸及其活塞、制动臂及凸轮轴总成之间的连接杆件等零部件应易于(　　)。

  A. 维修   B. 维护   C. 修理   D. 更换

正确答案:A

【试题解析】

《机动车运行安全技术条件》(GB 7258—2017)中7.1 基本要求下的7.1.3,是关于车辆安全技术要求的规定,也是对机动车制动系统的具体要求。

"7.1.3　制动踏板(包括教练车的副制动踏板)及其支架、制动主缸及其活塞、制动总阀、制动气室、轮缸及其活塞、制动臂及凸轮轴总成之间的连接杆件等零部件应易于维修。"

故本题选 A。

178. 根据《机动车运行安全技术条件》(GB 7258—2017),机动车制动器应有(　　)。制动器磨损后,制动间隙应易于通过手动或自动调节装置来补偿。制动控制装置及其部件以及制动器总成应具备一定的储备行程,当制动器发热或制动衬片的磨损达到一定程度时,在不必立即作调整的情况下,仍应保持有效的制动。

  A.磨损补偿装置   B.磨损装置

  C.补偿装置   D.调节装置

正确答案:A

【试题解析】

《机动车运行安全技术条件》(GB 7258—2017)中7.2行车制动下的7.2.7,是关于车辆安全技术要求的规定,也是对机动车行车制动系统的具体要求。

"7.2.7 制动器应有磨损补偿装置。制动器磨损后,制动间隙应易于通过手动或自动调节装置来补偿。制动控制装置及其部件以及制动器总成应具备一定的储备行程,当制动器发热或制动衬片的磨损达到一定程度时,在不必立即作调整的情况下,仍应保持有效的制动……"

故本题选A。

179.根据《机动车运行安全技术条件》(GB 7258—2017),采用液压制动的机动车,制动管路不应存在(　　)现象,在保持踏板力为700N(摩托车为350N)达到1min时,踏板不应有缓慢向前移动的现象。

  A.渗漏(包括外泄和内泄)   B.外泄

  C.内泄   D.外漏

正确答案:A

【试题解析】

《机动车运行安全技术条件》(GB 7258—2017)中7.6液压制动的特殊要求下的7.6.1,是关于车辆安全技术要求的规定,也是对机动车液压制动系统的具体要求。

"7.6.1 采用液压制动的机动车,制动管路不应存在渗漏(包括外泄和内泄)现象,在保持踏板力为700N(摩托车为350N)达到1min时,踏板不应有缓慢向前移动的现象。"

故本题选A。

180.根据《机动车运行安全技术条件》(GB 7258—2017),气压制动系统应装有限压装置,以确保贮气筒内气压不超过允许的(　　)。

  A.最低气压 B.最高气压 C.最小气压 D.最大气压

正确答案:B

【试题解析】

《机动车运行安全技术条件》(GB 7258—2017)中7.7气压制动的特殊要求下的7.7.3,是关于车辆安全技术要求的规定,也是对机动车气压制动系统的具体要求。

"7.7.3 气压制动系统应装有限压装置,以确保贮气筒内气压不超过允许的最高气压。"

故本题选B。

181. 根据《机动车运行安全技术条件》（GB 7258—2017），机动车的前、后转向信号灯、危险警告信号及制动灯白天在距其100m处应能观察到其工作状况，侧转向信号灯白天在距（   ）m 处应能观察到其工作状况。

  A. 10   B. 20   C. 30   D. 40

正确答案：C

【试题解析】

《机动车运行安全技术条件》（GB 7258—2017）中 8.3 照明和信号装置的一般要求下的 8.3.2，是关于车辆安全技术要求的规定，也是对机动车照明和信号装置的具体要求。

"8.3.2 机动车的前、后转向信号灯、危险警告信号及制动灯白天在距其100m处应能观察到其工作状况，侧转向信号灯白天在距30m处应能观察到其工作状况……"

故本题选 C。

182. 根据《机动车运行安全技术条件》（GB 7258—2017），前、后位置灯、示廓灯、挂车标志灯夜间能见度良好时在距其（   ）m 处应能观察到其工作状况。

  A. 100   B. 200   C. 300   D. 400

正确答案：C

【试题解析】

《机动车运行安全技术条件》（GB 7258—2017）中 8.3 照明和信号装置的一般要求下的 8.3.2，是关于车辆安全技术要求的规定，也是对机动车照明和信号装置的具体要求。

"8.3.2 ……前、后位置灯、示廓灯、挂车标志灯夜间能见度良好时在距其300m处应能观察到其工作状况……"

故本题选 C。

183. 根据《机动车运行安全技术条件》（GB 7258—2017），后牌照灯夜间能见度良好时在距其（   ）m 处应能看清号牌号码。

  A. 10   B. 20   C. 30   D. 40

正确答案：B

【试题解析】

《机动车运行安全技术条件》（GB 7258—2017）中 8.3 照明和信号装置的一般要求下的 8.3.2，是关于车辆安全技术要求的规定，也是对机动车照明和信号装置的具体要求。

"8.3.2 ……后牌照灯夜间能见度良好时在距其20m处应能看清号牌号码……"

故本题选 B。

184. 根据《机动车运行安全技术条件》（GB 7258—2017），客车应设置车厢灯和门灯。车长大于（   ）m 的客车应至少有两条车厢照明电路，仅用于进出口处的照明电路可作为其中之一。当一条电路失效时，另一条仍应能正常工作，以保证车内照明。车厢灯和门灯不应影响本车驾驶人的视线和其他机动车的正常行驶。

  A. 6   B. 7   C. 8   D. 9

正确答案:A

【试题解析】

《机动车运行安全技术条件》(GB 7258—2017)中8.3照明和信号装置的一般要求下的8.3.9,是关于车辆安全技术要求的规定,也是对机动车照明和信号装置的具体要求。

"8.3.9 客车应设置车厢灯和门灯。车长大于6m的客车应至少有两条车厢照明电路,仅用于进出口处的照明电路可作为其中之一。当一条电路失效时,另一条仍应能正常工作,以保证车内照明。车厢灯和门灯不应影响本车驾驶人的视线和其他机动车的正常行驶。"

故本题选 A。

185. 根据《机动车运行安全技术条件》(GB 7258—2017),无轨电车集电杆与集电头之间的电气绝缘应具备面耐水性。自集电头沿集电杆向下至(   )m处的集电杆表面,应具有绝缘防护层。集电杆与集电头之间应有带绝缘结构的安全绳,安全绳的牵引断裂负荷不低于10kN。

A.0.5   B.1.0   C.1.5   D.2.5

正确答案:D

【试题解析】

《机动车运行安全技术条件》(GB 7258—2017)中8.6.11 无轨电车的特殊要求,是关于车辆安全技术要求的规定,也是对无轨电车相关设备的特殊要求。

"8.6.11 无轨电车的特殊要求如下:

"……

"h)集电杆与集电头之间的电气绝缘应具备面耐水性。自集电头沿集电杆向下至2.5m处的集电杆表面,应具有绝缘防护层。集电杆与集电头之间应有带绝缘结构的安全绳,安全绳的牵引断裂负荷不低于10kN。

"……"

故本题选 D。

186. 根据《机动车运行安全技术条件》(GB 7258—2017),无轨电车在允许的偏线距离内行驶时,当集电杆拉紧弹簧断裂后,集电杆在车辆左右偏线位置自由下降,在其最低高度距地面(   )m的位置应有限位装置。

A.0.5   B.1.0   C.1.5   D.2.5

正确答案:D

【试题解析】

《机动车运行安全技术条件》(GB 7258—2017)中8.6.11 无轨电车的特殊要求,是关于车辆安全技术要求的规定,也是对无轨电车相关设备的特殊要求。

"8.6.11 无轨电车的特殊要求如下:

"i)无轨电车在允许的偏线距离内行驶时,当集电杆拉紧弹簧断裂后,集电杆在车辆左右偏线位置自由下降,在其最低高度距地面2.5m的位置应有限位装置。

"……"

故本题选 D。

187.根据《机动车运行安全技术条件》(GB 7258—2017),无轨电车上的电源接通程序,至少应经过( )次有意识的不同的连续动作,才能完成从"电源切断"状态到"可行驶"状态。

A.一   B.两   C.三   D.四

正确答案:B

【试题解析】

《机动车运行安全技术条件》(GB 7258—2017)中8.6.11 无轨电车的特殊要求,是关于车辆安全技术要求的规定,也是对无轨电车相关设备的特殊要求。

"8.6.11 无轨电车的特殊要求如下:

"……

"j)无轨电车上的电源接通程序,至少应经过两次有意识的不同的连续动作,才能完成从"电源切断"状态到"可行驶"状态。

"……"

故本题选 B。

188.根据《机动车运行安全技术条件》(GB 7258—2017),无轨电车应装备( ),车辆一旦到达漏电临界值,报警器能发出明显的光或声的报警信号。

A.漏电报警器   B.漏电检测报警器
C.漏电保护装置   D.漏电报警装置

正确答案:B

【试题解析】

《机动车运行安全技术条件》(GB 7258—2017)中8.6.11 无轨电车的特殊要求,是关于车辆安全技术要求的规定,也是对无轨电车相关设备的特殊要求。

"8.6.11 无轨电车的特殊要求如下:

"……

"k)无轨电车应装备漏电检测报警器,车辆一旦到达漏电临界值,报警器能发出明显的光或声的报警信号。"

故本题选 B。

189.根据《机动车运行安全技术条件》(GB 7258—2017),车长大于等于( )m 的客车应具有超速报警功能,当行驶速度超过允许的最大行驶速度(允许的最大行驶速度不应大于100km/h)时能通过视觉和声觉信号报警。但具有符合规定的限速功能或限速装置的除外。

A.3   B.4   C.5   D.6

正确答案:D

【试题解析】

《机动车运行安全技术条件》(GB 7258—2017)中10.5超速报警和限速功能下的10.5.1,是关于车辆安全技术要求的规定,也是对机动车超速报警和限速功能的具体要求。

"10.5.1 车长大于等于6m的客车应具有超速报警功能,当行驶速度超过允许的最大行驶速度(允许的最大行驶速度不应大于100km/h)时能通过视觉和声觉信号报警。但具有符合规定的限速功能或限速装置的除外。"

故本题选D。

190.根据《机动车运行安全技术条件》(GB 7258—2017),公路客车、旅游客车和危险货物运输车及车长大于( )m的其他客车、车长大于或等于6m的旅居车应具有限速功能,否则应配备限速装置。

  A.7   B.8   C.9   D.10

正确答案:C

【试题解析】

《机动车运行安全技术条件》(GB 7258—2017)中10.5超速报警和限速功能下的10.5.3,是关于车辆安全技术要求的规定,也是对机动车超速报警和限速功能的具体要求。

"10.5.3 公路客车、旅游客车和危险货物运输车及车长大于9m的其他客车、车长大于或等于6m的旅居车应具有限速功能,否则应配备限速装置……"

故本题选C。

191.根据《机动车运行安全技术条件》(GB 7258—2017),限速功能或限速装置应符合GB/T 24545的要求,且限速功能或限速装置调定的最大车速对其他公路客车、旅游客车和车长大于9m的其他客车、车长大于或等于6m的旅居车不应大于( )km/h,对危险货物运输车不得大于80km/h。

  A.100   B.110   C.120   D.130

正确答案:A

【试题解析】

《机动车运行安全技术条件》(GB 7258—2017)中10.5超速报警和限速功能下的10.5.3,是关于车辆安全技术要求的规定,也是对机动车超速报警和限速功能的具体要求。

"10.5.3 ……限速功能或限速装置应符合GB/T 24545的要求,且限速功能或限速装置调定的最大车速对其他公路客车、旅游客车和车长大于9m的其他客车、车长大于或等于6m的旅居车不应大于100km/h,对危险货物运输车不得大于80km/h……"

故本题选A。

192.根据《机动车运行安全技术条件》(GB 7258—2017),空载状态下,车长大于或等于6m的设有乘客站立区的客车的乘客门的一级踏步高应小于或等于( )mm。

  A.100   B.200   C.300   D.400

正确答案:D

【试题解析】

《机动车运行安全技术条件》(GB 7258—2017)中11.2客车的特殊要求下的11.2.4,是关于车辆安全技术要求的规定,也是对客车底板的具体要求。

"11.2.4 空载状态下,车长大于或等于6m的设有乘客站立区的客车的乘客门的一级踏步高应小于或等于400mm……"

故本题选D。

193. 根据《机动车运行安全技术条件》(GB 7258—2017),对既在沿道路中央车道设置的公共汽车专用道上运营,同时又在普通道路上运营使用的公共汽车,允许在车身(　　)均开设乘客门,但在设计和制造上应保证车身的强度和刚度达到使用要求,且两侧的乘客门在正常状态下应不能同时开启。

　　A.左右两侧　　　　B.前后两侧　　　　C.左侧　　　　D.右侧

正确答案:A

【试题解析】

《机动车运行安全技术条件》(GB 7258—2017)中11.5车门和车窗下的11.5.3,是关于车辆安全技术要求的规定,也是对机动车车门和车窗的具体要求。

"11.5.3 ……对既在沿道路中央车道设置的公共汽车专用道上运营,同时又在普通道路上运营使用的公共汽车,允许在车身左右两侧均开设乘客门,但在设计和制造上应保证车身的强度和刚度达到使用要求,且两侧的乘客门在正常状态下应不能同时开启。"

故本题选A。

194. 根据《机动车运行安全技术条件》(GB 7258—2017),前风窗玻璃及风窗以外玻璃用于驾驶人视区部位的可见光透射比应大于等于(　　)。所有车窗玻璃不得张贴镜面反光遮阳膜。

　　A.50%　　　　B.60%　　　　C.70%　　　　D.80%

正确答案:C

【试题解析】

《机动车运行安全技术条件》(GB 7258—2017)中11.5车门和车窗下的11.5.7,是关于车辆安全技术要求的规定,也是对机动车车门和车窗的具体要求。

"11.5.7 前风窗玻璃及风窗以外玻璃用于驾驶人视区部位的可见光透射比应大于等于70%。所有车窗玻璃不得张贴镜面反光遮阳膜……"

故本题选C。

195. 根据《机动车运行安全技术条件》(GB 7258—2017),公路客车、旅游客车、设有乘客站立区的客车、校车和发动机中置且宽高比小于或等于0.9的乘用车所有车窗玻璃的可见光透射比均应大于或等于(　　),且除符合GB30678规定的客车用安全标志和信息符号外,不应张贴有不透明和带任何镜面反光材料的色纸或隔热纸。

　　A.50%　　　　B.60%　　　　C.70%　　　　D.80%

正确答案:A

【试题解析】

《机动车运行安全技术条件》(GB 7258—2017)中11.5车门和车窗下的11.5.7,是关于车辆安全技术要求的规定,也是对机动车车门和车窗的具体要求。

"11.5.7 ……公路客车、旅游客车、设有乘客站立区的客车、校车和发动机中置且宽高比小于或等于0.9的乘用车所有车窗玻璃的可见光透射比均应大于或等于50%,且除符合GB 30678规定的客车用安全标志和信息符号外,不应张贴有不透明和带任何镜面反光材料的色纸或隔热纸。"

故本题选A。

196.根据《机动车运行安全技术条件》(GB 7258—2017),汽车驾驶室和乘员舱所用的内饰材料应采用阻燃性符合GB 8410规定的阻燃材料,其中客车内饰材料的燃烧速度应小于或等于( )mm/min。

  A.50   B.60   C.70   D.80

正确答案:C

【试题解析】

《机动车运行安全技术条件》(GB 7258—2017)中11.7内饰材料和隔音、隔热材料下的11.7.1,是关于车辆安全技术要求的规定,也是对机动车内饰材料和隔音、隔热材料的具体要求。

"11.7.1 汽车驾驶室和乘员舱所用的内饰材料应采用阻燃性符合GB 8410规定的阻燃材料,其中客车内饰材料的燃烧速度应小于或等于70 mm/min。"

故本题选C。

197.根据《机动车运行安全技术条件》(GB 7258—2017),每面号牌板(架)上应设有( )个号牌安装孔(三轮汽车前号牌板[架]、摩托车后号牌板[架]应设有2个号牌安装孔),以保证能用M6规格的螺栓将号牌直接牢固可靠地安装在车辆上。

  A.1   B.2   C.3   D.4

正确答案:D

【试题解析】

《机动车运行安全技术条件》(GB 7258—2017)中11.8号牌板(架)下的11.8.2,是关于车辆安全技术要求的规定,也是对机动车号牌板的具体要求。

"11.8.2 每面号牌板(架)上应设有4个号牌安装孔(三轮汽车前号牌板[架]、摩托车后号牌板[架]应设有2个号牌安装孔),以保证能用M6规格的螺栓将号牌直接牢固可靠地安装在车辆上。"

故本题选D。

198.根据《机动车运行安全技术条件》(GB 7258—2017),当车辆停止时,应急门不用工具应能从车内外很方便打开,并设有车门开启声响报警装置。允许从车外将门锁住,但应保证始终能用正常开启装置从车内将其打开,门外手柄应设保护套,且离地面高度(空载时)应小于或等于(　　)mm。

  A.1700   B.1800   C.1900   D.2000

正确答案:B

【试题解析】

《机动车运行安全技术条件》(GB 7258—2017)中12.4.2应急门下的12.4.2.5,是关于车辆安全技术要求的规定,也是对机动车应急门的具体要求。

"12.4.2.5　当车辆停止时,应急门不用工具应能从车内外很方便打开,并设有车门开启声响报警装置。允许从车外将门锁住,但应保证始终能用正常开启装置从车内将其打开,门外手柄应设保护套,且离地面高度(空载时)应小于或等于1800mm……"

故本题选 B。

199.根据《机动车运行安全技术条件》(GB 7258—2017),应急窗应采用易于迅速从车内、外开启的装置;或采用自动破窗装置;或在车窗玻璃上方中部或右角标记有直径不小于50mm 的圆心击破点标志,并在每个应急窗的邻近处提供一个(　　)以方便地击碎车窗玻璃,且应急锤取下时应能通过声响信号实现报警。

  A.应急锤 B.报警器 C.应急工具 D.灭火器

正确答案:A

【试题解析】

《机动车运行安全技术条件》(GB 7258—2017)中12.4.3应急窗和撤离舱口下的12.4.3.2,是关于车辆安全技术要求的规定,也是对机动车应急窗的具体要求。

"12.4.3.2　应急窗应采用易于迅速从车内、外开启的装置;或采用自动破窗装置;或在车窗玻璃上方中部或右角标记有直径不小于50mm 的圆心击破点标志,并在每个应急窗的邻近处提供一个应急锤以方便地击碎车窗玻璃,且应急锤取下时应能通过声响信号实现报警。"

故本题选 A。

200.根据《机动车运行安全技术条件》(GB 7258—2017),设有乘客站立区的客车车身两侧的车窗,若洞口可内接一个面积大于或等于800mm×900mm 的矩形时,应设置为(　　)。

  A.推拉式或外推式应急窗 B.推拉式应急窗
  C.外推式应急窗 D.应急锤

正确答案:A

【试题解析】

《机动车运行安全技术条件》(GB 7258—2017)中12.4.3应急窗和撤离舱口下的12.4.3.3,是关于车辆安全技术要求的规定,也是对机动车应急窗的具体要求。

"12.4.3.3　设有乘客站立区的客车车身两侧的车窗,若洞口可内接一个面积大于或等于 800mm×900mm 的矩形时,应设置为推拉式或外推式应急窗……"

故本题选 A。

201. 根据《机动车运行安全技术条件》(GB 7258—2017),设有乘客站立区的客车车身两侧的车窗,若洞口可内接一个面积大于或等于 500mm×700mm 的矩形时,应设置为( ),并在附近配置应急锤或具有自动破窗功能。

  A. 推拉式或外推式应急窗　　　　　　B. 推拉式应急窗
  C. 外推式应急窗　　　　　　　　　　D. 击碎玻璃式的应急窗

正确答案:D

【试题解析】

《机动车运行安全技术条件》(GB 7258—2017)中的 12.4.3 应急窗和撤离舱口下的 12.4.3.3,是关于车辆安全技术要求的规定,也是对机动车应急窗的具体要求。

"12.4.3.3 设有乘客站立区的客车车身两侧的车窗……若洞口可内接一个面积大于或等于 500mm×700mm 的矩形时,应设置为击碎玻璃式的应急窗,并在附近配置应急锤或具有自动破窗功能。"

故本题选 D。

202. 根据《机动车运行安全技术条件》(GB 7258—2017),公路客车、旅游客车和未设置乘客站立区的公共汽车,车长大于( )m 时车身左右两侧应至少各配置 2 个外推式应急窗并应在车身左侧设置 1 个应急门。

  A. 7　　　　　　B. 8　　　　　　C. 9　　　　　　D. 10

正确答案:C

【试题解析】

《机动车运行安全技术条件》(GB 7258—2017)中 12.4.3 应急窗和撤离舱口下的 12.4.3.4,是关于车辆安全技术要求的规定,也是对机动车应急窗的具体要求。

"12.4.3.4 公路客车、旅游客车和未设置乘客站立区的公共汽车,车长大于 9m 时车身左右两侧应至少各配置 2 个外推式应急窗并应在车身左侧设置 1 个应急门……"

故本题选 C。

203. 根据《机动车运行安全技术条件》(GB 7258—2017),公路客车、旅游客车和未设置乘客站立区的公共汽车,车长( )时车身左右两侧应至少各配置 1 个外推式应急窗。

  A. 大于 6m 且小于或等于 9m　　　　　B. 大于 7m 且小于或等于 10m
  C. 大于 7m 且小于或等于 9m　　　　　D. 大于 9m

正确答案:C

【试题解析】

《机动车运行安全技术条件》(GB 7258—2017)中 12.4.3 应急窗和撤离舱口下的 12.4.3.4,是关于车辆安全技术要求的规定,也是对机动车应急窗的具体要求。

"12.4.3.4 公路客车、旅游客车和未设置乘客站立区的公共汽车……车长大于 7m 且小于或等于9m时车身左右两侧应至少各配置1个外推式应急窗……"

故本题选C。

204.根据《机动车运行安全技术条件》(GB 7258—2017),每个应急出口应在其附近设有"应急出口"字样,字体高度应大于或等于(　　)mm。

  A.20   B.30   C.40   D.50

正确答案:C

【试题解析】

《机动车运行安全技术条件》(GB 7258—2017)中12.4.4标志下的12.4.4.1,是关于车辆安全技术要求的规定,也是对机动车应急出口标志的具体要求。

"12.4.4.1　每个应急出口应在其附近设有'应急出口'字样,字体高度应大于或等于40mm。"

故本题选C。

205.根据《机动车运行安全技术条件》(GB 7258—2017),乘客门和应急出口的应急控制器(包括用于击碎应急窗车窗玻璃的工具)应在其附近标有清晰的符号或字样,并注明其操作方法,字体高度应大于等于(　　)mm。

  A.10   B.20   C.30   D.40

正确答案:A

【试题解析】

《机动车运行安全技术条件》(GB 7258—2017)中12.4.4标志下的12.4.4.2,是关于车辆安全技术要求的规定,也是对机动车应急出口标志的具体要求。

"12.4.4.2　乘客门和应急出口的应急控制器(包括用于击碎应急窗车窗玻璃的工具)应在其附近标有清晰的符号或字样,并注明其操作方法,字体高度应大于等于10mm。"

故本题选A。

206.根据《机动车运行安全技术条件》(GB 7258—2017),纯电动汽车、插电式混合动力汽车在车辆起步且车速低于(　　)km/h时,应能给车外人员发出适当的提示性声响。

  A.20   B.30   C.40   D.50

正确答案:A

【试题解析】

《机动车运行安全技术条件》(GB 7258—2017)中12.13纯电动车、插电式混合动力汽车下的12.13.2,是关于车辆安全技术要求的规定,也是对纯电动汽车、插电式混合动力汽车的特殊要求。

"12.13.2　纯电动汽车、插电式混合动力汽车在车辆起步且车速低于20km/h时,应能给车外人员发出适当的提示性声响。"

故本题选A。

207.根据《城市公共汽电车客运服务规范》(GB/T 22484—2016),公共汽电车责任事故死亡率应不高于（　　）次/百万公里。

A.0.05　　　　B.0.04　　　　C.0.03　　　　D.0.02

正确答案：A

【试题解析】

《城市公共汽电车客运服务规范》（GB/T 22484—2016）中4.5 安全性下的4.5.1，是关于城市公共汽电车运营安全要求的规定，也是对城市公共汽电车安全性的具体要求。

"4.5.1　公共汽电车责任事故死亡率应不高于0.05次/百万公里。"

故本题选A。

208.根据《城市公共汽电车客运服务规范》（GB/T 22484—2016），公共汽电车企业每月道路交通运输违法（章）率不高于（　　）次/辆。

A.0.04　　　　B.0.03　　　　C.0.02　　　　D.0.01

正确答案：D

【试题解析】

《城市公共汽电车客运服务规范》（GB/T 22484—2016）中4.5 安全性下的4.5.2，是关于城市公共汽电车运营安全要求的规定，也是对城市公共汽电车运营安全性的具体要求。

"4.5.2　公共汽电车企业每月道路交通运输违法（章）率不高于0.01次/辆。"

故本题选D。

209.根据《城市公共汽电车客运服务规范》（GB/T 22484—2016），公交车门、车窗、顶窗设施应完好，开关应（　　）。

A.灵活且安全可靠　　B.灵活　　　　C.安全　　　　D.可靠

正确答案：A

【试题解析】

《城市公共汽电车客运服务规范》（GB/T 22484—2016）中6.5 服务设施下的6.5.1，是关于城市公共汽电车运营安全要求的规定，也是对城市公共汽电车运营车辆服务设施的具体要求。

"6.5.1　车门、车窗、顶窗设施应完好，开关应灵活且安全可靠。"

故本题选A。

210.根据《城市公共汽电车客运服务规范》（GB/T 22484—2016），驾驶员或车辆专职维护人员应在每日出车前、收车后进行车辆（　　）。

A.维修　　　　B.日常维护　　　　C.定期维护　　　　D.检查

正确答案：B

【试题解析】

《城市公共汽电车客运服务规范》（GB/T 22484—2016）中6 运营车辆下的6.6，是关于车辆维护管理要求的规定，也是对城市公共汽电车运营车辆日常维护的具体要求。

"6.6　驾驶员或车辆专职维护人员应在每日出车前、收车后进行车辆日常维护……"

故本题选 B。

211. 根据《城市公共汽电车客运服务规范》(GB/T 22484—2016),公交车辆的一级维护和二级维护应由( )执行。

  A. 维修人员   B. 兼职人员
  C. 专职人员   D. 具备资质条件的车辆维修企业

正确答案:D

【试题解析】

《城市公共汽电车客运服务规范》(GB/T 22484—2016)中 6 运营车辆下的 6.6,是关于车辆维护管理要求的规定,也是对城市公共汽电车运营车辆日常维护的具体要求。

"6.6 ……运营车辆的一级维护和二级维护应由具备资质条件的车辆维修企业执行……"

故本题选 D。

212. 根据《城市公共汽电车客运服务规范》(GB/T 22484—2016),检查公交线路月均车内服务设施完好率,每月不应少于( )次。

  A. 四   B. 三   C. 两   D. 一

正确答案:D

【试题解析】

《城市公共汽电车客运服务规范》(GB/T 22484—2016)中 6 运营车辆下的 6.7,是关于城市公共汽电车运营安全要求的规定,也是对城市公共汽电车运营车辆车内服务设施的具体要求。

"6.7 检查公交线路月均车内服务设施完好率……每月不应少于一次……"

故本题选 D。

213. 根据《城市公共汽电车客运服务规范》(GB/T 22484—2016),检查公交线路月均车内服务设施完好率,抽查数量不应少于( )。

  A.40%的线路和20%的运营车   B.30%的线路和20%的运营车
  C.30%的线路和10%的运营车   D.40%的线路和10%的运营车

正确答案:B

【试题解析】

《城市公共汽电车客运服务规范》(GB/T 22484—2016)中 6 运营车辆下的 6.7,是关于城市公共汽电车运营安全要求的规定,也是对城市公共汽电车运营车辆车内服务设施的具体要求。

"6.7 检查公交线路月均车内服务设施完好率……抽查数量不应少于30%的线路和20%的运营车。"

故本题选 B。

214. 根据《城市公共汽电车客运服务规范》(GB/T 22484—2016),发生服务纠纷时,应冷静对待,化解矛盾,当矛盾激化无法控制时,应( )。

A.立即报警　　　　　　　　B.立即向上级报告
C.立即报警并向上级报告　　D.立即疏散乘客

正确答案:C

【试题解析】

《城市公共汽电车客运服务规范》(GB/T 22484—2016)中10 车厢服务下的10.8,是关于驾驶员、乘务员岗位操作规程的规定,也是对城市公共汽电车车厢服务的具体要求。

"10.8 发生服务纠纷时,应冷静对待,化解矛盾,当矛盾激化无法控制时,应立即报警并向上级报告。"

故本题选C。

215. 根据《城市公共汽电车客运服务规范》(GB/T 22484—2016),无轨电车驾驶员通过分线器、并线器、交叉器时应( )行驶。

A.正常　　　B.减速　　　C.加速　　　D.快速

正确答案:B

【试题解析】

《城市公共汽电车客运服务规范》(GB/T 22484—2016)中12 运营安全下的12.7,是关于城市公共汽电车运营安全要求的规定,也是对无轨电车运营安全的具体要求。

"12.7 无轨电车驾驶员通过分线器、并线器、交叉器时应减速行驶。"

故本题选B。

216. 根据《城市公共汽电车客运服务规范》(GB/T 22484—2016),驾驶员应随时观察气压表气压值是否正常,如低于规定值时应补足气量到( )后再行车。

A.规定值　　　　　　　　B.最大值
C.安全值　　　　　　　　D.最小值

正确答案:A

【试题解析】

《城市公共汽电车客运服务规范》(GB/T 22484—2016)中12 运营安全下的12.8,是关于城市公共汽电车运营安全要求的规定,也是对城市公共汽电车驾驶员安全行车的具体要求。

"12.8 驾驶员应随时观察气压表气压值是否正常,如低于规定值时应补足气量到规定值后再行车。"

故本题选A。

217. 根据《城市公共汽电车客运服务规范》(GB/T 22484—2016),公交停车场内限速15km/h,出入口限速( )km/h。

A.5　　　B.10　　　B.15　　　D.3

正确答案:A

【试题解析】

《城市公共汽电车客运服务规范》(GB/T 22484—2016)中12运营安全下的12.12,是关于城市公共汽电车运营安全要求的规定,也是对城市公共汽电车停车场限速的具体要求。

"12.12 停车场内限速15km/h,出入口限速5km/h。"

故本题选A。

218.根据《城市公共汽电车客运服务规范》(GB/T 22484—2016),驾驶员发现乘客携带易燃、易爆、危险、有毒及其他禁带物品乘车时应及时(　　)。

A.劝阻　　　　B.制止　　　　C.阻拦　　　　D.劝说

正确答案:B

【试题解析】

《城市公共汽电车客运服务规范》(GB/T 22484—2016)中12运营安全下的12.15,是关于城市公共汽电车运营安全要求的规定,也是对驾驶员安全运营的具体要求。

"12.15 发现乘客携带易燃、易爆、危险、有毒及其他禁带物品乘车时应及时制止。"

故本题选B。

219.根据《城市公共汽电车应急处置基本操作规程》(JT/T 999—2015),城市公共汽电车企业应建立突发事件应急管理的(　　),并保障资金、人员、物资等投入到位。

A.组织体系和运行机制　　　　B.管理体系和机制

C.运行体系和管理机制　　　　D.组织体系和管理机制

正确答案:A

【试题解析】

《城市公共汽电车应急处置基本操作规程》(JT/T 999—2015)中4企业基本操作规程下的4.1,是对城市公共汽电车企业应急处置基本操作规程的要求。

"4.1 应建立突发事件应急管理的组织体系和运行机制,并保障资金、人员、物资等投入到位。"

故本题选A。

220.根据《城市公共汽电车应急处置基本操作规程》(JT/T 999—2015),城市公共汽电车企业应定期组织各项突发事件(　　),其组织与实施应符合Q/T9007的规定。

A.隐患排查　　　B.专项检查　　　C.应急演练　　　D.风险管控

正确答案:C

【试题解析】

《城市公共汽电车应急处置基本操作规程》(JT/T 999—2015)中4企业基本操作规程下的4.2,是对城市公共汽电车企业应急处置基本操作规程的要求。

"4.2 应定期组织各项突发事件应急演练,应急演练的组织与实施应符合Q/T9007的规定。"

故本题选C。

221.根据《城市公共汽电车应急处置基本操作规程》(JT/T 999—2015),城市公共汽电车企业应加强安全管理制度建设与实施,定期开展对驾乘人员的(　　),提高驾乘人员的安全防范意识和应急处置能力。

A. 安全技能培训　　　　　　　B. 安全管理知识培训

C. 安全应急培训　　　　　　　D. 安全教育培训

正确答案：D

【试题解析】

《城市公共汽电车应急处置基本操作规程》(JT/T 999—2015)中 4 企业基本操作规程下的 4.3,是对驾驶员、乘务员安全教育培训及考核的要求。

"4.3　应加强安全管理制度建设与实施,定期开展对驾乘人员的安全教育培训,提高驾乘人员的安全防范意识和应急处置能力。"

故本题选 D。

222. 根据《城市公共汽电车应急处置基本操作规程》(JT/T 999—2015),城市公共汽电车企业接到驾乘人员突发事件报告后,应及时启动相关的(　　),立即赶赴现场,并做好途径运行线路的现场调度工作,同时向上级主管单位报告。

A. 应急预案　　　　　　　　　B. 综合应急预案

C. 专项应急预案　　　　　　　D. 现场处置方案

正确答案：A

【试题解析】

《城市公共汽电车应急处置基本操作规程》(JT/T 999—2015)中 4 企业基本操作规程下的 4.4,是对城市公共汽电车企业应急处置基本操作规程的要求。

"4.4　接到驾乘人员突发事件报告后,应及时启动相关的应急预案,立即赶赴现场,并做好途径运行线路的现场调度工作,同时向上级主管单位报告。"

故本题选 A。

223. 根据《城市公共汽电车应急处置基本操作规程》(JT/T 999—2015),城市公共汽电车运营企业应加强(　　)建设,与社会救援力量联动,配合开展应急救援工作。

A. 安全管理队伍　　　　　　　B. 安保力量

C. 应急救援队伍　　　　　　　D. 安全救援队伍

正确答案：C

【试题解析】

《城市公共汽电车应急处置基本操作规程》(JT/T 999—2015)中 4 企业基本操作规程下的 4.6,是对城市公共汽电车企业应急处置基本操作规程的要求。

"4.6　应加强应急救援队伍建设,与社会救援力量联动,配合开展应急救援工作。"

故本题选 C。

224. 根据《城市公共汽电车突发事件应急预案编制规范》(JT/T 1018—2016),城市公共汽电车运营企业应就自然灾害、设施设备故障、公共卫生事件、公共安全事件、火灾、道路交通事故等可能影响城市公共汽电车正常运营的突发事件制订相应的(　　)。

A. 专项应急预案	B. 综合应急预案
C. 工作预案	D. 现场处置工作方案

正确答案：A

【试题解析】

《城市公共汽电车突发事件应急预案编制规范》(JT/T 1018—2016)中7.2专项应急预案下的7.2.1基本要求，是对城市公共汽电车运营企业编制突发事件应急预案的规定，也是对编制专项应急预案的具体要求。

"7.2.1 城市公共汽电车运营企业应就自然灾害、设施设备故障、公共卫生事件、公共安全事件、火灾、道路交通事故等可能影响城市公共汽电车正常运营的突发事件制订相应的专项应急预案。"

故本题选A。

225. 根据《城市公共汽电车突发事件应急预案编制规范》(JT/T 1018—2016)，对于各个专项应急预案，城市公共汽电车运营企业应针对突发事件可能发生的不同地点(比如各个车站及车辆基地、区间、控制中心等)，制订具体的（　　），以利于应急响应的有效实施。

A. 专项应急预案	B. 综合应急预案
C. 应急预案	D. 现场处置方案

正确答案：D

【试题解析】

《城市公共汽电车突发事件应急预案编制规范》(JT/T 1018—2016)中7.3现场处置工作方案下的7.3.1基本要求，是对城市公共汽电车运营企业编制突发事件应急预案的规定，也是对运营企业现场处置工作方案的具体要求。

"7.3.1 对于各个专项应急预案，城市公共汽电车运营企业应针对突发事件可能发生的不同地点(比如各个车站及车辆基地、区间、控制中心等)，制订具体的现场处置方案，以利于应急响应的有效实施。"

故本题选D。

226. 根据《城市公共汽电车运营安全管理规范》(JT/T 1156—2017)，城市公共汽电车运营企业应开展安全自查自纠，制定（　　），明确排查方法。查出的隐患应分析原因并及时进行整改，对安全隐患治理效果进行跟踪，重大安全隐患应上报相关部门备案。

A. 安全检查方案	B. 风险管控方案
C. 隐患排查方案	D. 安全稽查方案

正确答案：C

【试题解析】

《城市公共汽电车运营安全管理规范》(JT/T 1156—2017)中5基本内容下的5.6，是关于城市公共汽电车运营安全管理要求的规定，也是对隐患排查方案的具体要求。

"5.6 开展安全自查自纠,制定隐患排查方案,明确排查方法。查出的隐患应分析原因并及时进行整改,对安全隐患治理效果进行跟踪,重大安全隐患应上报相关部门备案。"

故本题选C。

227. 根据《城市公共汽电车运营安全管理规范》(JT/T 1156—2017),城市公共汽电车运营企业应及时处置运营安全事故,根据查清的事故原因,处理责任人员,落实整改措施,教育有关人员,并对运营事故进行(　　)。

　　A. 分类统计　　　　B. 分项统计　　　　C. 分时统计　　　　D. 分原因统计

正确答案:A

【试题解析】

《城市公共汽电车运营安全管理规范》(JT/T 1156—2017)中5基本内容下的5.8,是关于城市公共汽电车运营安全管理要求的规定,也是对及时处置运营安全事故的具体要求。

"5.8 及时处置运营安全事故,根据查清的事故原因,处理责任人员,落实整改措施,教育有关人员,并对运营事故进行分类统计。"

故本题选A。

228. 根据《城市公共汽电车运营安全管理规范》(JT/T 1156—2017),城市公共汽电车运营企业应建立健全运营安全管理台账和档案,档案内容齐全准确,档案保存期不少于(　　)年。

　　A. 5　　　　　　　B. 3　　　　　　　C. 2　　　　　　　D. 1

正确答案:B

【试题解析】

《城市公共汽电车运营安全管理规范》(JT/T 1156—2017)中5基本内容下的5.10,是关于城市公共汽电车运营安全管理要求的规定,也是对建立健全运营安全管理台账和档案的具体要求。

"5.10 建立健全运营安全管理台账和档案,档案内容齐全准确,档案保存期不少于3年。"

故本题选B。

229. 依据《城市公共汽电车运营安全管理规范》(JT/T 1156—2017),新聘用驾驶员应取得相应车型要求的有效证件,(　　)年内无重大行车违章记录。

　　A. 10　　　　　　B. 5　　　　　　　C. 3　　　　　　　D. 2

正确答案:C

【试题解析】

《城市公共汽电车运营安全管理规范》(JT/T 1156—2017)中6司乘人员行车安全管理下的6.1,是关于城市公共汽电车运营安全管理要求的规定,也是对驾驶员上岗的具体要求。

"6.1 新聘用驾驶员应取得相应车型要求的有效证件,3年内无重大行车违章记录。"

故本题选C。

230. 根据《城市公共汽电车运营安全管理规范》(JT/T 1156—2017),司乘人员岗前应进行安全法规、岗位操作技能、安全救援措施和方法等安全培训,安全培训不合格者不应上岗作业。驾驶员岗前安全培训时间不应少于( )学时。

  A.48   B.36   C.24   D.12

  正确答案:C

  【试题解析】

  《城市公共汽电车运营安全管理规范》(JT/T 1156—2017)中6司乘人员行车安全管理下的6.2,是关于驾驶员、乘务员岗前培训的规定,也是对运营安全的具体要求。

  "6.2 司乘人员岗前应进行安全法规、岗位操作技能、安全救援措施和方法等安全培训,安全培训不合格者不应上岗作业。驾驶员岗前安全培训时间不应少于24学时。"

  故本题选C。

231. 根据《城市公共汽电车运营安全管理规范》(JT/T 1156—2017),司乘人员每年应接受安全再培训,使用新技术、新材料或新设备时,应接受( )。

  A.专项培训   B.技能培训   C.安全培训   D.教育培训

  正确答案:A

  【试题解析】

  《城市公共汽电车运营安全管理规范》(JT/T 1156—2017)中6司乘人员行车安全管理下的6.5,是关于城市公共汽电车运营安全管理要求的规定,也是对司乘人员行车安全管理的具体要求。

  "6.5 司乘人员每年应接受安全再培训,使用新技术、新材料或新设备时,应接受专项培训。"

  故本题选A。

232. 根据《城市公共汽电车运营安全管理规范》(JT/T 1156—2017),运营企业应制定并落实( ),制定专人负责车辆技术管理。

  A.车辆技术管理制度   B.车辆安全管理制度

  C.车辆维护保养制度   D.车辆报废制度

  正确答案:A

  【试题解析】

  《城市公共汽电车运营安全管理规范》(JT/T 1156—2017)中7车辆安全管理下的7.5,是关于城市公共汽电车运营安全管理要求的规定,也是对车辆技术管理制度的具体要求。

  "7.5 应制定并落实车辆技术管理制度,制定专人负责车辆技术管理。"

  故本题选A。

233. 根据《城市公共汽电车运营安全管理规范》(JT/T 1156—2017),运营企业应执行( ),对临近报废的车辆应加强技术监管,及时处理车辆存在的安全隐患。

  A.车辆技术管理制度   B.车辆安全管理制度

  C.车辆维护保养制度   D.车辆强制报废制度

正确答案:D

【试题解析】

《城市公共汽电车运营安全管理规范》(JT/T 1156—2017)中7车辆安全管理下的7.8,是关于城市公共汽电车运营安全管理要求的规定,也是对车辆技术管理制度的具体要求。

"7.8 应执行车辆强制报废制度,对临近报废的车辆应加强技术监管,及时处理车辆存在的安全隐患。"

故本题选D。

234.根据《城市公共汽电车运营安全管理规范》(JT/T 1156—2017),城市公共汽电车场站内应按规定配备(　　),且不被埋压、圈占、遮挡消火栓或占用防火间距,安全出口及消防车通道畅通。

  A.消防设施   B.安全设施   C.安保设施   D.应急设施

正确答案:A

【试题解析】

《城市公共汽电车运营安全管理规范》(JT/T 1156—2017)中8线路场站安全管理下的8.4,是关于城市公共汽电车运营安全管理要求的规定,也是对城市公共汽电车场站配备消防设施的具体要求。

"8.4 场站内应按规定配备消防设施,且不被埋压、圈占、遮挡消火栓或占用防火间距,安全出口及消防车通道畅通。"

故本题选A。

235.根据《城市公共汽电车运营安全管理规范》(JT/T 1156—2017),城市公共汽电车企业应建立停车场安全值班制度和场站设施每日安全检查制度,配备(　　)。

  A.白天值班人员   B.昼夜值班人员
  C.夜间值班人员   D.专职值班人员

正确答案:B

【试题解析】

《城市公共汽电车运营安全管理规范》(JT/T 1156—2017)中8线路场站安全管理下的8.7,是关于城市公共汽电车运营安全管理要求的规定,也是对建立停车场安全值班制度和场站设施每日安全检查制度的具体要求。

"8.7 应建立停车场安全值班制度和场站设施每日安全检查制度,配备昼夜值班人员。"

故本题选B。

236.根据《交通运输企业安全生产标准化建设基本规范 第14部分:城市公共汽电车客运企业》(JTT 1180.14—2018),城市公共汽电车企业应建立并妥善保管(　　),一车一档,记载及时、完整、准确、规范。

  A.车辆技术档案   B.车辆生产档案

C. 车辆维护档案 D. 车辆维修档案

正确答案:A

【试题解析】

《交通运输企业安全生产标准化建设基本规范 第14部分:城市公共汽电车客运企业》(JTT 1180.14—2018)中6.1.1 车辆下的6.1.1.7,是关于车辆档案管理要求的规定,也是对企业建立并妥善保管车辆技术档案的具体要求。

"6.1.1.7 企业应建立并妥善保管车辆技术档案,一车一档,记载及时、完整、准确、规范。"

故本题选 A。

237. 根据《交通运输企业安全生产标准化建设基本规范 第14部分:城市公共汽电车客运企业》(JTT 1180.14—2018),对存在两个或两个以上单位共用同一设施设备或进行生产经营的作业场所,城市公共汽电车企业应明确( )并落实到位。

A. 安全主体责任 B. 风险管理职责
C. 安全生产管理职责 D. 管理职责

正确答案:C

【试题解析】

《交通运输企业安全生产标准化建设基本规范 第14部分:城市公共汽电车客运企业》(JTT 1180.14—2018)中6.2 作业安全下的6.2.4 相关方管理,是关于城市公共汽电车客运企业安全生产管理的规定,也是城市公共汽电车客运企业作业安全的具体内容。

"6.2.4 对存在两个或两个以上单位共用同一设施设备或进行生产经营的作业场所,城市公共汽电车企业应明确安全生产管理职责并落实到位。"

故本题选 C。

238. 根据《城市公共汽电车车辆专用安全设施技术要求》(JT/T 1240—2019),CNG、LNG、LPG 燃气专用装置的安装要求应符合 GB7258、GB19239 的规定。加气口、控制仪表和阀件等应设置( )。

A. 安全防护装置 B. 安全隔离装置
C. 安全生产装置 D. 安全预警装置

正确答案:A

【试题解析】

《城市公共汽电车车辆专用安全设施技术要求》(JT/T 1240—2019)中4 一般要求下的4.3,是关于城市公共汽电车车辆专用安全设施技术的规定,也是对城市公共汽电车车辆配置一般要求的具体规定。

"4.3 CNG、LNG、LPG 燃气专用装置的安装要求应符合 GB7258、GB19239 的规定。加气口、控制仪表和阀件等应设置安全防护装置。"

故本题选 A。

239. 根据《城市公共汽电车车辆专用安全设施技术要求》(JT/T 1240—2019),城市公共汽电车车辆配置自动破窗装置时,在( )附近应设置自动破窗装置开关。当发生紧急情况时,驾驶员操作自动破窗装置开关,在1s内应能击碎应急窗玻璃。

    A.驾驶员座位   B.前乘客门   C.后乘客门   D.乘客区

正确答案:A

【试题解析】

《城市公共汽电车车辆专用安全设施技术要求》(JT/T 1240—2019)中7破窗装置下的7.3,是关于城市公共汽电车车辆专用安全设施技术的规定,也是对城市公共汽电车车辆设置破窗装置的具体要求。

"7.3 配置自动破窗装置时,在驾驶员座位附近应设置自动破窗装置开关。当发生紧急情况时,驾驶员操作自动破窗装置开关,在1s内应能击碎应急窗玻璃。"

故本题选A。

240. 根据《城市公共汽电车车辆专用安全设施技术要求》(JT/T 1240—2019),易燃挥发物监测报警装置探测器安装位置为乘客门、座椅下或侧壁,探测器底部距地板平面高度不宜小于200mm。至少应在( )位置安装1个探测器,车厢内重点防护区域宜每2m²分布一个探测器。

    A.下车门   B.上车门   C.驾驶员座位   D.乘客区

正确答案:B

【试题解析】

《城市公共汽电车车辆专用安全设施技术要求》(JT/T 1240—2019)中12易燃挥发物检测报警装置下的12.4,是关于城市公共汽电车车辆专用安全设施技术的规定,也是对城市公共汽电车车辆设置易燃挥发物检测报警装置的具体要求。

"12.4 易燃挥发物监测报警装置探测器安装位置为乘客门、座椅下或侧壁,探测器底部距地板平面高度不宜小于200mm。至少应在上车门位置安装1个探测器,车厢内重点防护区域宜每2m²分布一个探测器。"

故本题选B。

241. 根据《城市公共设施 电动汽车充换电设施运营管理服务规范》(GB/T 37293—2019),电动汽车充电设施应设置( ),提示用户注意设施环境、电气安全、安全操作等信息。

    A.安全警示标志   B.安全生产标志
    C.安全预警标志   D.安全提示标志

正确答案:A

【试题解析】

《城市公共设施 电动汽车充换电设施运营管理服务规范》(GB/T 37293—2019)中6标志标识下的6.5,是关于电动汽车充换电设施运营管理服务的规定,也是对电动汽车充换电设施运营标志标识的具体要求。

"6.5 应设置安全警示标志,提示用户注意设施环境、电气安全、安全操作等信息。"

故本题选 A。

242.根据《城市公共设施 电动汽车充换电设施运营管理服务规范》(GB/T 37293—2019),电动汽车充换电设施应定期进行巡查、检测与维护,及时发现并处理设备运行过程中的异常情况,形成记录,确保设备处于(　　)。

  A.安全运行状态   B.工作状态

  C.应急状态   D.警示状态

正确答案:A

【试题解析】

《城市公共设施 电动汽车充换电设施运营管理服务规范》(GB/T 37293—2019)中 7.2 设施管理下的 7.2.3,是关于电动汽车充换电设施运营管理服务的规定,也是对电动汽车充换电设施运营设备管理的具体要求。

"7.2.3 应定期进行巡查、检测与维护,及时发现并处理设备运行过程中的异常情况,形成记录,确保设备处于安全运行状态。"

故本题选 A。

243.根据《城市公共设施 电动汽车充换电设施运营管理服务规范》(GB/T 37293—2019),电动汽车电池更换站应(　　)进行动力电池的更换、维护、保养、存放等作业。

  A.在规定的区域内   B.在某个区域内

  C.在一定区域内   D.在区域内

正确答案:A

【试题解析】

《城市公共设施 电动汽车充换电设施运营管理服务规范》(GB/T 37293—2019)中 7.2 设施管理下的 7.2.4,是关于电动汽车充换电设施运营管理服务的规定,也是对电动汽车充换电设施运营设备管理的具体要求。

"7.2.4 电池更换站应在规定的区域内进行动力电池的更换、维护、保养、存放等作业。"

故本题选 A。

244.根据《城市公共设施 电动汽车充换电设施运营管理服务规范》(GB/T 37293—2019),企业应为操作人员提供工作区域安全防护措施,并提示相关(　　)。

  A.危险点 B.错误点 C.隐患点 D.问题点

正确答案:A

【试题解析】

《城市公共设施 电动汽车充换电设施运营管理服务规范》(GB/T 37293—2019)中 7.6.1 安全控制下的 7.6.1.3,是关于电动汽车充换电设施运营管理服务的规定,也是对电动汽车充换电设施运营安全控制的具体要求。

"7.6.1.3 应为操作人员提供工作区域安全防护措施,并提示相关危险点。"

故本题选 A。

245. 根据《城市公共设施 电动汽车充换电设施运营管理服务规范》(GB/T 37293—2019),企业应定期开展( ),及时消除安全隐患。

　　A.安全检查　　　B.生产检查　　　C.风险管控　　　D.安全抽查

正确答案:A

【试题解析】

《城市公共设施 电动汽车充换电设施运营管理服务规范》(GB/T 37293—2019)中 7.6.1 安全控制下的 7.6.1.4,是关于电动汽车充换电设施运营管理服务的规定,也是对电动汽车充换电设施运营安全控制的具体要求。

"7.6.1.4 应定期开展安全检查,及时消除安全隐患。"

故本题选 A。

246. 根据《城市公共设施 电动汽车充换电设施运营管理服务规范》(GB/T 37293—2019),企业应全面开展危险因素辨识、危险评价及危险控制程序,辨识和评价检修工作中存在的( )并加以有效控制。

　　A.危险因素　　　B.安全原因　　　C.技术问题　　　D.风险因素

正确答案:A

【试题解析】

《城市公共设施 电动汽车充换电设施运营管理服务规范》(GB/T 37293—2019)中 7.6.1 安全控制下的 7.6.1.5,是关于电动汽车充换电设施运营管理服务的规定,也是对电动汽车充换电设施运营安全控制的具体要求。

"7.6.1.5 应全面开展危险因素辨识、危险评价及危险控制程序,辨识和评价检修工作中存在的危险因素并加以有效控制。"

故本题选 A。

247. 根据《城市公共设施 电动汽车充换电设施运营管理服务规范》(GB/T 37293—2019),企业应完善配备消防设施,制定消防安全工器具( )。不应挪用消防设施,不应埋压和圈占消防设施。

　　A.操作规程　　　B.使用方法　　　C.用户手册　　　D.使用说明

正确答案:A

【试题解析】

《城市公共设施 电动汽车充换电设施运营管理服务规范》(GB/T 37293—2019)中 7.6.2 消防安全下的 7.6.2.2,是关于电动汽车充换电设施运营管理服务的规定,也是对电动汽车充换电设施运营消防安全的具体要求。

"7.6.2.2 应完善配备消防设施,制定消防安全工器具操作规程。不应挪用消防设施,不应埋压和圈占消防设施。"

故本题选 A。

248.根据《城市公共设施 电动汽车充换电设施运营管理服务规范》(GB/T 37293—2019),企业应定期对消防设施、器材进行检查、维护与保养,填写相关记录。发现消防设施问题,应及时(　　)。

　　A.维修并上报　　　B.维修　　　　　C.上报　　　　　D.修理

正确答案:A

【试题解析】

《城市公共设施 电动汽车充换电设施运营管理服务规范》(GB/T 37293—2019)中7.6.2消防安全下的7.6.2.3,是关于电动汽车充换电设施运营管理服务的规定,也是对电动汽车充换电设施运营消防安全的具体要求。

"7.6.2.3 应定期对消防设施、器材进行检查、维护与保养,填写相关记录。发现消防设施问题,应及时维修并上报。"

故本题选 A。

249.根据《城市公共设施 电动汽车充换电设施运营管理服务规范》(GB/T 37293—2019),有驻场人员的充换电站运营机构应定期进行(　　),全体人员应掌握消防知识,熟知消防器材的位置、性能和使用方法。

　　A.消防培训　　　B.消防演练　　　C.消防教育　　　D.消防培训和演练

正确答案:D

【试题解析】

《城市公共设施 电动汽车充换电设施运营管理服务规范》(GB/T 37293—2019)中7.6.2消防安全下的7.6.2.4,是关于电动汽车充换电设施运营管理服务的规定,也是对电动汽车充换电设施运营消防安全的具体要求。

"7.6.2.4 有驻场人员的充换电站运营机构应定期进行消防培训和演练,全体人员应掌握消防知识,熟知消防器材的位置、性能和使用方法。"

故本题选 D。

250.根据《城市公共设施 电动汽车充换电设施运营管理服务规范》(GB/T 37293—2019),企业应建立(　　),配备应急所需设备,并进行日常保养,保证设备完好。

　　A.应急队伍　　　B.工作人员　　　C.管理人员　　　D.管理队伍

正确答案:A

【试题解析】

《城市公共设施 电动汽车充换电设施运营管理服务规范》(GB/T 37293—2019)中7.6.3应急管理下的7.6.3.1,是关于电动汽车充换电设施运营管理服务的规定,也是对电动汽车充换电设施运营应急管理的具体要求。

"7.6.3.1 应建立应急队伍,配备应急所需设备,并进行日常保养,保证设备完好。"

故本题选 A。

251. 根据《城市公共设施 电动汽车充换电设施运营管理服务规范》(GB/T 37293—2019),企业应根据有关法律法规和标准的变动情况、安全条件和变化情况以及应急预案演练和应用过程中发现的问题,及时(　　)应急预案。

　　A. 制订　　　　B. 修改　　　　C. 完善　　　　D. 修订完善

正确答案:D

【试题解析】

《城市公共设施 电动汽车充换电设施运营管理服务规范》(GB/T 37293—2019)中 7.6.3 应急管理下的 7.6.3.4,是关于电动汽车充换电设施运营管理服务的规定,也是对电动汽车充换电设施运营应急管理的具体要求。

"7.6.3.4　应根据有关法律法规和标准的变动情况、安全条件和变化情况以及应急预案演练和应用过程中发现的问题,及时修订完善应急预案。"

故本题选 D。

二、多选题

252. 依据《中华人民共和国道路交通安全法》,申请机动车登记,应当提交以下证明、凭证:(　　)。

　　A. 机动车所有人的身份证明

　　B. 机动车来历证明

　　C. 机动车整车出厂合格证明或者进口机动车进口凭证

　　D. 车辆购置税的完税证明或者免税凭证

　　E. 法律、行政法规规定应当在机动车登记时提交的其他证明、凭证

正确答案:ABCDE

【试题解析】

《中华人民共和国道路交通安全法》有关机动车登记制度的规定中,涉及"应当提交的证明、凭证"的有如下规定:

"第九条　申请机动车登记,应当提交以下证明、凭证:

"(一)机动车所有人的身份证明;

"(二)机动车来历证明;

"(三)机动车整车出厂合格证明或者进口机动车进口凭证;

"(四)车辆购置税的完税证明或者免税凭证;

"(五)法律、行政法规规定应当在机动车登记时提交的其他证明、凭证。"

故本题选 ABCDE。

253. 依据《中华人民共和国道路交通安全法》,有下列情形之一的,应当办理相应的登记:(　　)。

　　A. 机动车所有权发生转移的　　　　　　B. 机动车登记内容变更的

C.机动车用作抵押的　　　　　　　D.机动车报废的

E.机动车损坏的

正确答案:ABCD

【试题解析】

《中华人民共和国道路交通安全法》有关机动车登记制度的规定中,涉及"办理相应登记的情形"的有如下规定:

"第十二条　有下列情形之一的,应当办理相应的登记:

"(一)机动车所有权发生转移的;

"(二)机动车登记内容变更的;

"(三)机动车用作抵押的;

"(四)机动车报废的。"

E选项错误:所规定的情形中不包含"机动车损坏的"这种情形。

故本题选ABCD。

254.依据《中华人民共和国道路交通安全法实施条例》,车道信号灯表示:(　　)。

A.绿色箭头灯亮时,准许本车道车辆按指示方向通行

B.黄色灯亮时,禁止所有车道车辆通行

C.黄色灯亮时,禁止本车道车辆通行

D.红色叉形灯或者箭头灯亮时,禁止本车道车辆通行

E.红色叉形灯或者箭头灯亮时,禁止所有车道车辆通行

正确答案:AD

【试题解析】

《中华人民共和国道路交通安全法实施条例》与机动车有关的道路通行规定中,涉及"车道信号灯"的有如下规定:

"第四十条　车道信号灯表示:

"(一)绿色箭头灯亮时,准许本车道车辆按指示方向通行。

"(二)红色叉形灯或者箭头灯亮时,禁止本车道车辆通行。"

BC选项错误:表述不全面。

E选项错误:红色叉形灯或者箭头灯亮时,禁止本车道车辆通行,不是所有车道车辆通行。

故本题选AD。

255.依据《中华人民共和国道路交通安全法实施条例》,机动车行驶中遇有下列情形之一的,最高行驶速度不得超过每小时30公里,其中拖拉机、电瓶车、轮式专用机械车不得超过每小时15公里:(　　)。

A.进出非机动车道,通过铁路道口、急弯路、窄路、窄桥时

B.掉头、转弯、下陡坡时

C.遇雾、雨、雪、沙尘、冰雹,能见度在50米以内时

D. 在冰雪、泥泞的道路上行驶时
E. 牵引发生故障的机动车时

正确答案：ABCDE

【试题解析】

《中华人民共和国道路交通安全法实施条例》与机动车有关的道路通行规定中，涉及"最高行驶速度不得超过每小时30公里的情形"的有如下规定：

"第四十六条　机动车行驶中遇有下列情形之一的，最高行驶速度不得超过每小时30公里，其中拖拉机、电瓶车、轮式专用机械车不得超过每小时15公里：

"（一）进出非机动车道，通过铁路道口、急弯路、窄路、窄桥时；

"（二）掉头、转弯、下陡坡时；

"（三）遇雾、雨、雪、沙尘、冰雹，能见度在50米以内时；

"（四）在冰雪、泥泞的道路上行驶时；

"（五）牵引发生故障的机动车时。"

故本题选ABCDE。

256.依据《中华人民共和国道路交通安全法实施条例》，机动车通过没有交通信号灯控制也没有交通警察指挥的交叉路口，除应当遵守第五十一条第（二）项、第（三）项的规定外，还应当遵守下列规定。（　　）。

　　A. 有交通标志、标线控制的，让优先通行的一方先行
　　B. 没有交通标志、标线控制的，在进入路口前停车瞭望，让右方道路的来车先行
　　C. 转弯的机动车让直行的车辆先行
　　D. 相对方向行驶的右转弯的机动车让左转弯的车辆先行
　　E. 直行的车辆让转弯的机动车先行

正确答案：ABCD

【试题解析】

《中华人民共和国道路交通安全法实施条例》与机动车有关的道路通行规定中，涉及"机动车通过没有交通信号灯控制也没有交通警察指挥的交叉路口"的有如下规定：

"第五十二条　机动车通过没有交通信号灯控制也没有交通警察指挥的交叉路口，除应当遵守第五十一条第（二）项、第（三）项的规定外，还应当遵守下列规定：

"（一）有交通标志、标线控制的，让优先通行的一方先行；

"（二）没有交通标志、标线控制的，在进入路口前停车瞭望，让右方道路的来车先行；

"（三）转弯的机动车让直行的车辆先行；

"（四）相对方向行驶的右转弯的机动车让左转弯的车辆先行。"

E选项错误：转弯的机动车让直行的车辆先行，不是直行的车辆让转弯的机动车先行。

故本题选ABCD。

257.依据《中华人民共和国道路交通安全法实施条例》，机动车在遇有前方机动车停车

排队等候或者缓慢行驶时,应当依次排队,(　　)。

　　A. 不得从前方车辆两侧穿插或者超越行驶

　　B. 适时可从前方车辆两侧穿插或者超越行驶

　　C. 不得在人行横道、网状线区域内停车等候

　　D. 不得在人行横道、网状线区域外停车等候

　　E. 可在人行横道、网状线区域内停车等候

正确答案:AC

【试题解析】

《中华人民共和国道路交通安全法实施条例》与机动车有关的道路通行规定中,涉及"机动车在遇有前方机动车停车排队等候或者缓慢行驶时的情形"的有如下规定:

"第五十三条　……

"机动车在遇有前方机动车停车排队等候或者缓慢行驶时,应当依次排队,不得从前方车辆两侧穿插或者超越行驶,不得在人行横道、网状线区域内停车等候。

"……"

　　B 选项错误:不得从前方车辆两侧穿插或者超越行驶。

　　D 选项错误:不得在人行横道、网状线区域内停车等候,不是在网状线区域外。

　　E 选项错误:不得在人行横道、网状线区域内停车等候。

　　故本题选 AC。

258. 根据《中华人民共和国道路交通安全法实施条例》,机动车雾天行驶应当开启(　　)。

　　A. 远光灯　　　　　　B. 左转向灯　　　　　　C. 雾灯

　　D. 危险报警闪光灯　　E. 右转向灯

正确答案:CD

【试题解析】

《中华人民共和国道路交通安全法实施条例》与机动车有关的道路通行规定中,涉及"机动车雾天行驶"的有如下规定:

"第五十八条　……机动车雾天行驶应当开启雾灯和危险报警闪光灯。"

　　AB 选项错误:机动车雾天行驶应当开启雾灯和危险报警闪光灯,不是远光灯和左转向灯。

　　E 选项错误:机动车雾天行驶应当开启雾灯和危险报警闪光灯,不是右转向灯。

　　故本题选 CD。

259. 依据《中华人民共和国道路交通安全法实施条例》,驾驶机动车不得有下列行为:(一)在车门、车厢没有关好时行车;(二)在机动车驾驶室的前后窗范围内悬挂、放置妨碍驾驶人视线的物品;(三)拨打接听手持电话、观看电视等妨碍安全驾驶的行为;(　　)。

　　A. 下陡坡时熄火或者空挡滑行

　　B. 向道路上抛撒物品

　　C. 驾驶摩托车手离车把或者在车把上悬挂物品

D. 连续驾驶机动车超过 4 小时未停车休息或者停车休息时间少于 20 分钟

E. 在禁止鸣喇叭的区域或者路段鸣喇叭

正确答案：ABCDE

【试题解析】

《中华人民共和国道路交通安全法实施条例》与机动车有关的道路通行规定中，涉及"驾驶机动车不得有的行为"的有如下规定：

"第六十二条　驾驶机动车不得有下列行为：

"（一）在车门、车厢没有关好时行车；

"（二）在机动车驾驶室的前后窗范围内悬挂、放置妨碍驾驶人视线的物品；

"（三）拨打接听手持电话、观看电视等妨碍安全驾驶的行为；

"（四）下陡坡时熄火或者空挡滑行；

"（五）向道路上抛撒物品；

"（六）驾驶摩托车手离车把或者在车把上悬挂物品；

"（七）连续驾驶机动车超过 4 小时未停车休息或者停车休息时间少于 20 分钟；

"（八）在禁止鸣喇叭的区域或者路段鸣喇叭。"

故本题选 ABCDE。

260. 依据《中华人民共和国道路交通安全法实施条例》，机动车在道路上临时停车，应当遵守下列规定：（一）在设有禁停标志、标线的路段，在机动车道与非机动车道、人行道之间设有隔离设施的路段以及人行横道、施工地段，不得停车；(　　)。

A. 交叉路口、铁路道口、急弯路、宽度不足 4 米的窄路、桥梁、陡坡、隧道以及距离上述地点 50 米以内的路段，不得停车

B. 公共汽车站、急救站、加油站、消防栓或者消防队（站）门前以及距离上述地点 30 米以内的路段，除使用上述设施的以外，不得停车

C. 车辆停稳前不得开车门和上下人员，开关车门不得妨碍其他车辆和行人通行

D. 路边停车应当紧靠道路右侧，机动车驾驶人不得离车，上下人员或者装卸物品后，立即驶离

E. 城市公共汽车不得在站点以外的路段停车上下乘客

正确答案：ABCDE

【试题解析】

《中华人民共和国道路交通安全法实施条例》与机动车有关的道路通行规定中，涉及"机动车在道路上临时停车"的有如下规定：

"第六十三条　机动车在道路上临时停车，应当遵守下列规定：

"（一）在设有禁停标志、标线的路段，在机动车道与非机动车道、人行道之间设有隔离设施的路段以及人行横道、施工地段，不得停车；

"（二）交叉路口、铁路道口、急弯路、宽度不足 4 米的窄路、桥梁、陡坡、隧道以及距离上

述地点 50 米以内的路段,不得停车;

"(三)公共汽车站、急救站、加油站、消防栓或者消防队(站)门前以及距离上述地点 30 米以内的路段,除使用上述设施的以外,不得停车;

"(四)车辆停稳前不得开车门和上下人员,开关车门不得妨碍其他车辆和行人通行;

"(五)路边停车应当紧靠道路右侧,机动车驾驶人不得离车,上下人员或者装卸物品后,立即驶离;

"(六)城市公共汽车不得在站点以外的路段停车上下乘客。"

故本题选 ABCDE。

261. 依据《中华人民共和国道路交通安全法实施条例》,机动车在高速公路上行驶,不得有下列行为:(　　)。

  A. 倒车、逆行、穿越中央分隔带掉头或者在车道内停车
  B. 在匝道、加速车道或者减速车道上超车
  C. 骑、轧车行道分界线或者在路肩上行驶
  D. 非紧急情况时在应急车道行驶或者停车
  E. 试车或者学习驾驶机动车

正确答案:ABCDE

【试题解析】

《中华人民共和国道路交通安全法实施条例》与机动车有关的道路通行规定中,涉及"机动车在高速公路上行驶"的有如下规定:

"第八十二条　机动车在高速公路上行驶,不得有下列行为:

"(一)倒车、逆行、穿越中央分隔带掉头或者在车道内停车;

"(二)在匝道、加速车道或者减速车道上超车;

"(三)骑、轧车行道分界线或者在路肩上行驶;

"(四)非紧急情况时在应急车道行驶或者停车;

"(五)试车或者学习驾驶机动车。"

故本题选 ABCDE。

262. 依据《中华人民共和国道路交通安全法实施条例》,机动车驾驶人有饮酒、醉酒、服用国家管制的精神药品或者麻醉药品嫌疑的,应当接受(　　)。

  A. 测试 B. 检验 C. 核查 D. 核验 E. 抽查

正确答案:AB

【试题解析】

《中华人民共和国道路交通安全法实施条例》与机动车有关的道路通行规定中,涉及"机动车驾驶人有饮酒、醉酒、服用国家管制的精神药品或者麻醉药品嫌疑"的有如下规定:

"第一百零五条　机动车驾驶人有饮酒、醉酒、服用国家管制的精神药品或者麻醉药品嫌疑的,应当接受测试、检验。"

CDE 选项错误：规定中未提及核查、核验和抽查的方式。

故本题选 AB。

263. 依据《城市公共汽车和电车客运管理规定》，运营企业应当按照有关标准及城市公共交通主管部门的要求，在投入运营的车辆上配置符合以下要求的相关服务设施和运营标识：(　　)。

　　A. 在规定位置公布运营线路图、价格表

　　B. 在规定位置张贴统一制作的乘车规则和投诉电话

　　C. 在规定位置设置特需乘客专用座位

　　D. 在无人售票车辆上配置符合规定的投币箱、电子读卡器等服务设施

　　E. 规定的其他车辆服务设施和标识

正确答案：ABCDE

【试题解析】

《城市公共汽车和电车客运管理规定》城市公共汽电车运营管理规定中，涉及"运营车辆配置"的有如下规定：

"第二十五条　运营企业应当按照有关标准及城市公共交通主管部门的要求，在投入运营的车辆上配置符合以下要求的相关服务设施和运营标识：

"(一)在规定位置公布运营线路图、价格表；

"(二)在规定位置张贴统一制作的乘车规则和投诉电话；

"(三)在规定位置设置特需乘客专用座位；

"(四)在无人售票车辆上配置符合规定的投币箱、电子读卡器等服务设施；

"(五)规定的其他车辆服务设施和标识。"

故本题选 ABCDE。

264. 依据《城市公共汽车和电车客运管理规定》，运营企业应当按照有关标准及城市公共交通主管部门的要求，在城市公共汽电车客运首末站和中途站配置符合以下要求的相关服务设施和运营标识：(　　)。

　　A. 在规定位置公布线路票价

　　B. 在规定位置公布站点名称

　　C. 在规定位置公布服务时间

　　D. 在规定位置张贴投诉电话

　　E. 规定的其他站点服务设施和标识配置要求

正确答案：ABCDE

【试题解析】

《城市公共汽车和电车客运管理规定》城市公共汽电车运营管理规定中，涉及"城市公共汽电车客运首末站和中途站配置"的有如下规定：

"第二十六条　运营企业应当按照有关标准及城市公共交通主管部门的要求，在城市公共汽电车客运首末站和中途站配置符合以下要求的相关服务设施和运营标识：

"（一）在规定位置公布线路票价、站点名称和服务时间；

"（二）在规定位置张贴投诉电话；

"（三）规定的其他站点服务设施和标识配置要求。"

故本题选 ABCDE。

265. 依据《城市公共汽车和电车客运管理规定》，运营企业聘用的从事城市公共汽电车客运的驾驶员、乘务员，应当具备以下条件：（一）具有履行岗位职责的能力；（二）身心健康，无可能危及运营安全的疾病或者病史；（三）无吸毒或者暴力犯罪记录。从事城市公共汽电车客运的驾驶员还应当符合以下条件（　　）。

  A. 取得与准驾车型相符的机动车驾驶证且实习期满

  B. 最近连续 3 个记分周期内没有记满 12 分违规记录

  C. 无交通肇事犯罪、危险驾驶犯罪记录

  D. 无饮酒后驾驶记录

  E. 无违章记录

正确答案：ABCD

【试题解析】

《城市公共汽车和电车客运管理规定》城市公共汽电车运营管理规定中，涉及"运营企业聘用的从事城市公共汽电车客运的驾驶员、乘务员"的有如下规定：

"第二十七条　运营企业聘用的从事城市公共汽电车客运的驾驶员、乘务员，应当具备以下条件：

"（一）具有履行岗位职责的能力；

"（二）身心健康，无可能危及运营安全的疾病或者病史；

"（三）无吸毒或者暴力犯罪记录。

从事城市公共汽电车客运的驾驶员还应当符合以下条件：

"（一）取得与准驾车型相符的机动车驾驶证且实习期满；

"（二）最近连续 3 个记分周期内没有记满 12 分违规记录；

"（三）无交通肇事犯罪、危险驾驶犯罪记录，无饮酒后驾驶记录。"

E 选项错误：在规定中没有要求"无违章记录"。

故本题选 ABCD。

266. 依据《城市公共汽车和电车客运管理规定》从事城市公共汽电车客运的驾驶员、乘务员，应当遵守以下规定：（一）履行相关服务标准；（二）按照规定的时段、线路和站点运营，不得追抢客源、滞站揽客；（　　）。

  A. 按照价格主管部门核准的票价收费，并执行有关优惠乘车的规定

  B. 维护城市公共汽电车场站和车厢内的正常运营秩序，播报线路名称、走向和停靠站，提示安全注意事项

  C. 为老、幼、病、残、孕乘客提供必要的帮助

D. 发生突发事件时应当及时处置,保护乘客安全,不得先于乘客弃车逃离

E. 遵守城市公共交通主管部门制定的其他服务规范

正确答案:ABCDE

【试题解析】

《城市公共汽车和电车客运管理规定》城市公共汽电车运营管理规定中,涉及"从事城市公共汽电车客运的驾驶员、乘务员"的有如下规定:

"第二十九条 从事城市公共汽电车客运的驾驶员、乘务员,应当遵守以下规定:

"(一)履行相关服务标准;

"(二)按照规定的时段、线路和站点运营,不得追抢客源、滞站揽客;

"(三)按照价格主管部门核准的票价收费,并执行有关优惠乘车的规定;

"(四)维护城市公共汽电车场站和车厢内的正常运营秩序,播报线路名称、走向和停靠站,提示安全注意事项;

"(五)为老、幼、病、残、孕乘客提供必要的帮助;

"(六)发生突发事件时应当及时处置,保护乘客安全,不得先于乘客弃车逃离;

"(七)遵守城市公共交通主管部门制定的其他服务规范。"

故本题选 ABCDE。

267. 依据《城市公共汽车和电车客运管理规定》,发生下列情形之一的,运营企业应当按照城市公共交通主管部门的要求,按照应急预案采取应急运输措施。( )

A. 抢险救灾

B. 主要客流集散点运力严重不足

C. 举行重大公共活动

D. 安全生产问题

E. 其他需要及时组织运力对人员进行疏运的突发事件

正确答案:ABCE

【试题解析】

《城市公共汽车和电车客运管理规定》城市公共汽电车运营管理规定中,涉及"按照应急预案采取应急运输措施的情形"的有如下规定:

"第三十五条 发生下列情形之一的,运营企业应当按照城市公共交通主管部门的要求,按照应急预案采取应急运输措施:

"(一)抢险救灾;

"(二)主要客流集散点运力严重不足;

"(三)举行重大公共活动;

"(四)其他需要及时组织运力对人员进行疏运的突发事件。"

D选项错误:在规定情形中未包括"安全生产问题",表述不规范、不准确。

故本题选 ABCE。

268. 依据《城市公共汽车和电车客运管理规定》,城市公共汽电车客运车辆在运营途中发生故障不能继续运营时,驾驶员、乘务员应当(   )。

　　A. 向乘客说明原因

　　B. 安排改乘同线路后序车辆或者采取其他有效措施疏导乘客

　　C. 及时报告运营企业

　　D. 及时报告城市公共交通主管部门

　　E. 及时排除车辆故障

正确答案:ABC

【试题解析】

《城市公共汽车和电车客运管理规定》城市公共汽电车运营管理规定中,涉及"驾驶员、乘务员在面对城市公共汽电车客运车辆在运营途中发生故障不能继续运营时"有如下规定:

"第四十一条　城市公共汽电车客运车辆在运营途中发生故障不能继续运营时,驾驶员、乘务员应当向乘客说明原因,安排改乘同线路后序车辆或者采取其他有效措施疏导乘客,及时报告运营企业。"

D选项错误:驾驶员、乘务员应及时报告运营企业,不是及时报告城市公共交通主管部门。

E选项错误:驾驶员、乘务员在面对城市公共汽电车客运车辆在运营途中发生故障不能继续运营时,首要任务是保证乘客的安全,不是去检车和排除车辆故障。

故本题选ABC。

269. 依据《城市公共汽车和电车客运管理规定》,运营企业应当建立城市公共汽电车车辆安全管理制度,定期对运营车辆及附属设备进行(   ),保证其处于良好状态。不得将存在安全隐患的车辆投入运营。

　　A. 检测　　　B. 维护　　　C. 更新　　　D. 抽查　　　E. 核查

正确答案:ABC

【试题解析】

《城市公共汽车和电车客运管理规定》城市公共汽电车运营安全规定中,涉及"运营企业职责"的有如下规定:

"第四十七条　运营企业应当建立城市公共汽电车车辆安全管理制度,定期对运营车辆及附属设备进行检测、维护、更新,保证其处于良好状态。不得将存在安全隐患的车辆投入运营。"

DE选项错误:表述不准确。

故本题选ABC。

270. 依据《城市公共汽车和电车客运管理规定》,禁止从事下列危害城市公共汽电车运营安全、扰乱乘车秩序的行为:(一)非法拦截或者强行上下城市公共汽电车车辆;(二)在城市公共汽电车场站及其出入口通道擅自停放非城市公共汽电车车辆、堆放杂物或者摆摊设点等;( )。

A. 妨碍驾驶员的正常驾驶
B. 违反规定进入公交专用道
C. 擅自操作有警示标志的城市公共汽电车按钮、开关装置,非紧急状态下动用紧急或安全装置
D. 妨碍乘客正常上下车
E. 其他危害城市公共汽电车运营安全、扰乱乘车秩序的行为

正确答案:ABCDE

【试题解析】

《城市公共汽车和电车客运管理规定》城市公共汽电车运营安全规定中,涉及"禁止从事下列危害城市公共汽电车运营安全、扰乱乘车秩序的行为"的有如下规定:

"第五十三条 禁止从事下列危害城市公共汽电车运营安全、扰乱乘车秩序的行为:

"(一)非法拦截或者强行上下城市公共汽电车车辆;

"(二)在城市公共汽电车场站及其出入口通道擅自停放非城市公共汽电车车辆、堆放杂物或者摆摊设点等;

"(三)妨碍驾驶员的正常驾驶;

"(四)违反规定进入公交专用道;

"(五)擅自操作有警示标志的城市公共汽电车按钮、开关装置,非紧急状态下动用紧急或安全装置;

"(六)妨碍乘客正常上下车;

"(七)其他危害城市公共汽电车运营安全、扰乱乘车秩序的行为。

"……"

故本题选 ABCDE。

271. 依据《机动车强制报废标准规定》,已注册机动车有下列情形之一的应当强制报废,其所有人应当将机动车交售给报废机动车回收拆解企业。由报废机动车回收拆解企业按规定进行登记、拆解、销毁等处理,并将报废机动车登记证书、号牌、行驶证交公安机关交通管理部门注销:( )。

A. 经修理和调整仍不符合机动车安全技术国家标准对在用车有关要求的
B. 经修理和调整或者采用控制技术后,向大气排放污染物或者噪声仍不符合国家标准对在用车有关要求的
C. 在检验有效期届满后连续 3 个机动车检验周期内未取得机动车检验合格标志的
D. 在检验有效期届满后连续 2 个机动车检验周期内未取得机动车检验合格标志的

正确答案:ABC

【试题解析】

《机动车强制报废标准规定》车辆强制报废规定中,涉及"对已注册机动车应当强制报

废的情形"有如下规定：

"第四条 已注册机动车有下列情形之一的应当强制报废，其所有人应当将机动车交售给报废机动车回收拆解企业。由报废机动车回收拆解企业按规定进行登记、拆解、销毁等处理,并将报废机动车登记证书、号牌、行驶证交公安机关交通管理部门注销：

"(一)达到本规定第五条规定使用年限的；

"(二)经修理和调整仍不符合机动车安全技术国家标准对在用车有关要求的；

"(三)经修理和调整或者采用控制技术后,向大气排放污染物或者噪声仍不符合国家标准对在用车有关要求的；

"(四)在检验有效期届满后连续3个机动车检验周期内未取得机动车检验合格标志的。"

D选项错误：应是在检验有效期届满后连续3个机动车检验周期内,不是2个机动车检验周期内。

故本题选ABC。

272.根据《机动车运行安全技术条件》(GB 7258—2017),制动系统的各种杆件不得与其他部件在相对位移中发生(　　),以防杆件变形、损坏。

　　A.干涉　　　　B.摩擦　　　　C.击打　　　　D.碰撞　　　　E.撞击

正确答案：AB

【试题解析】

《机动车运行安全技术条件》车辆安全管理及技术要求的规定中,涉及"制动系统的各种杆件"的有如下规定：

"7.1.4 制动系统的各种杆件不应与其他部件在相对位移中发生干涉、摩擦,以防杆件变形、损坏。"

CDE选项错误：表述不准确。

故本题选AB。

273.根据《机动车运行安全技术条件》(GB 7258—2017),行车制动应保证驾驶人在行车过程中能控制机动车安全、有效地(　　)。

　　A.加速　　　　B.启动　　　　C.减速　　　　D.停车　　　　E.驻车

正确答案：CD

【试题解析】

《机动车运行安全技术条件》车辆安全管理及技术要求的规定中,涉及"行车制动"的有如下规定：

"7.2.2 行车制动应保证驾驶人在行车过程中能控制机动车安全、有效地减速和停车……"

AB选项错误：应是减速和停车,不是加速和启动。

E选项错误：应是停车,不是驻车。

故本题选 CD。

274. 根据《机动车运行安全技术条件》(GB 7258—2017),换挡时齿轮应啮合灵便,互锁、自锁和倒挡锁装置应有效,(   )。

    A. 不应有乱挡和自行跳挡现象

    B. 运行中应无异响

    C. 换挡杆及其传动杆件不应与其他部件干涉

    D. 运行中可有异响

    E. 换挡杆及其传动杆件可与其他部件干涉

正确答案:ABC

【试题解析】

《机动车运行安全技术条件》车辆安全管理及技术要求的规定中,涉及"变速器和分动器"的有如下规定:

"10.2.1 换挡时齿轮应啮合灵便,互锁、自锁和倒挡锁装置应有效,不应有乱挡和自行跳挡现象;运行中应无异响;换挡杆及其传动杆件不应与其他部件干涉……"

DE 选项错误:应是运行中应无异响,换挡杆及其传动杆件不应与其他部件干涉。

故本题选 ABC。

275. 根据《机动车运行安全技术条件》(GB 7258—2017),机动车驾驶室应保证驾驶人的(   )。

    A. 前方视野   B. 侧方视野   C. 后方视野   D. 左方视野   E. 右方视野

正确答案:AB

【试题解析】

《机动车运行安全技术条件》车辆安全管理及技术要求的规定中,涉及"车身"的有如下规定:

"11.1.2 机动车驾驶室应保证驾驶人的前方视野和侧方视野。"

CDE 选项错误:是前方和侧方视野,不是后方、左方、右方。

故本题选 AB。

276. 根据《城市公共汽电车应急处置基本操作规程》(JT/T 999—2015),公交运营过程中,遇车辆发生伤人交通事故,驾乘人员(   )。

    A. 事故发生后,应立即向"120""122"报警,同时向单位报告

    B. 保护现场,维护现场秩序,防止发生次生事故

    C. 在距车辆 20m 处放置安全警告标志,帮助乘客换乘其他运营车辆,必要时留下两名以上目击证人或其联系方式

    D. 遇特殊情况需要移动现场时,应做好标记,采取拍照、摄像等方法记录事故现场原貌

    E. 协助医护人员做好现场处理工作,并配合交警部门开展现场勘查及事故的善后

处理工作

正确答案：ABCDE

【试题解析】

《城市公共汽电车应急处置基本操作规程》关于城市公共汽电车应急处置基本操作规程的相关要求中，涉及"遇车辆发生伤人交通事故"的有如下规定：

"5.1.1.1 事故发生后，应立即向'120''122'报警，同时向单位报告。

"5.1.1.2 保护现场，维护现场秩序，防止发生次生事故。

"5.1.1.3 在距车辆20m处放置安全警告标志，帮助乘客换乘其他运营车辆，必要时留下两名以上目击证人或其联系方式。

"5.1.1.4 遇特殊情况需要移动现场时，应做好标记，采取拍照、摄像等方法记录事故现场原貌。

"5.1.1.5 协助医护人员做好现场处理工作，并配合交警部门开展现场勘查及事故的善后处理工作。"

故本题选ABCDE。

277. 根据《城市公共汽电车应急处置基本操作规程》（JT/T 999—2015），公交运营过程中，遇乘客突发重病或死亡，驾乘人员（　　）。

A. 应立即靠边停车，向"120""110"报警，同时向单位报告

B. 保护现场，不得自行移动重病或死者身体

C. 在距车辆20m处放置安全警告标志，帮助乘客换乘其他运营车辆，必要时留下两名以上目击证人或其联系方式

D. 协助公安机关、医护人员做好现场处理工作

E. 维护现场秩序

正确答案：ABCD

【试题解析】

《城市公共汽电车应急处置基本操作规程》关于城市公共汽电车应急处置基本操作规程的相关要求中，涉及"遇乘客突发重病或死亡"的有如下规定：

"5.1.2.1 应立即靠边停车，向'120''110'报警，同时向单位报告。

"5.1.2.2 保护现场，不得自行移动重病或死者身体。

"5.1.2.3 在距车辆20m处放置安全警告标志，帮助乘客换乘其他运营车辆，必要时留下两名以上目击证人或其联系方式。

"5.1.2.4 协助公安机关、医护人员做好现场处理工作。"

E错误：没有要求驾乘人员维护现场秩序。

故本题选ABCD。

278. 根据《城市公共汽电车应急处置基本操作规程》（JT/T 999—2015），公交运营过程中，遇车辆自燃，驾乘人员应立即靠边停车熄火，打开车门，迅速疏散乘客，关闭电源、燃油、

燃气总开关,(   )。

　　A. 当车门开关失效时,应使用应急开关打开车门或打开逃生窗,使用安全锤等工具击碎车窗玻璃,迅速疏散乘客。紧急情况下,应积极组织动员乘客、社会公众等参与应急救援

　　B. 向"110""119"报警,同时向单位报告。当有人员受伤时,应立即向"120"报警

　　C. 使用车载灭火器进行扑救,就近寻求抢险援助

　　D. 在距车辆20m处放置安全警告标志,帮助乘客换乘其他运营车辆

　　E. 协助公安机关、医护人员做好现场处理工作

正确答案:ABCDE

【试题解析】

《城市公共汽电车应急处置基本操作规程》关于城市公共汽电车应急处置基本操作规程的相关要求中,涉及"遇车辆自燃"的有如下规定:

"5.1.3.1　应立即靠边停车熄火,打开车门,迅速疏散乘客,关闭电源、燃油、燃气总开关。

"5.1.3.2　当车门开关失效时,应使用应急开关打开车门或打开逃生窗,使用安全锤等工作击碎车窗玻璃,迅速疏散乘客。紧急情况下,应积极组织动员乘客、社会公众等参与应急救援。

"5.1.3.3　向'110''119'报警,同时向单位报告。当有人员受伤时,应立即向'120'报警。

"5.1.3.4　使用车载灭火器进行扑救,就近寻求抢险援助。

"5.1.3.5　在距车辆20m处放置安全警告标志,帮助乘客换乘其他运营车辆。

"5.1.3.6　协助公安机关、医护人员做好现场处理工作。"

故本题选 ABCDE。

279. 根据《城市公共汽电车应急处置基本操作规程》(JT/T 999—2015),公交运营过程中,发现易燃、易爆物品,驾乘人员严禁乘客携带易燃、易爆物品乘车,车内发现易燃、易爆物品时,应立即靠边停车熄火,关闭电源,燃油、燃气总开关,(   )。

　　A. 告知乘客不要吸烟,并迅速疏散乘客

　　B. 禁止触动可疑爆炸物品,立即向"110"报警,同时向单位报告

　　C. 在距车辆20m处放置安全警告标志,帮助乘客换乘其他运营车辆

　　D. 使用车载灭火器,做好初起火情扑救准备

　　E. 配合公安机关开展现场勘查工作

正确答案:ABCDE

【试题解析】

《城市公共汽电车应急处置基本操作规程》关于城市公共汽电车应急处置基本操作规程的相关要求中,涉及"发现易燃、易爆物品"的有如下规定:

"5.1.4.1 严禁乘客携带易燃、易爆物品乘车。

"5.1.4.2 车内发现易燃、易爆物品时,应立即靠边停车熄火,关闭电源、燃油、燃气总开关。

"5.1.4.3 告知乘客不要吸烟,并迅速疏散乘客。

"5.1.4.4 禁止触动可疑爆炸物品,立即向'110'报警,同时向单位报告。

"5.1.4.5 在距车辆20m处放置安全警告标志,帮助乘客换乘其他运营车辆。

"5.1.4.6 使用车载灭火器,做好初起火情扑救准备。

"5.1.4.7 配合公安机关开展现场勘查工作。"

故本题选ABCDE。

280.根据《城市公共汽电车应急处置基本操作规程》(JT/T 999—2015),公交运营过程中,遇危险化学品泄漏,驾乘人员(　　　)。

A.应立即靠边停车熄火,打开车门,迅速疏散乘客,关闭电源、燃油、燃气总开关

B.向"110""119"报警,同时向单位报告

C.在距车辆20m处放置安全警告标志,帮助乘客换乘其他运营车辆

D.保护现场,配合公安机关开展现场勘查工作

E.保护乘客安全

正确答案:ABCD

【试题解析】

《城市公共汽电车应急处置基本操作规程》关于城市公共汽电车应急处置基本操作规程的相关要求中,涉及"遇危险化学品泄漏"的有如下规定:

"5.1.5.1 应立即靠边停车熄火,打开车门,迅速疏散乘客,关闭电源、燃油、燃气总开关。

"5.1.5.2 向'110''119'报警,同时向单位报告。

"5.1.5.3 在距车辆20m处放置安全警告标志,帮助乘客换乘其他运营车辆。

"5.1.5.4 保护现场,配合公安机关开展现场勘查工作。"

E选项错误:没有要求驾驶员保护乘客安全。

故本题选ABCD

281.根据《城市公共汽电车应急处置基本操作规程》(JT/T 999—2015),公交运营过程中,遇车载气瓶燃气泄漏,驾乘人员应立即靠边停车熄火,打开车门,迅速疏散乘客,关闭电源、燃油、燃气总开关,(　　　)。

A.告知乘客不要吸烟或使用手机

B.应关闭车载气瓶手动阀开关

C.应立即向"119"报警,同时向单位报告

D.在距车辆20m处放置安全警告标志,帮助乘客换乘其他运营车辆

E.使用车载灭火器,做好初起火情扑救准备

正确答案:ABCDE

【试题解析】

《城市公共汽电车应急处置基本操作规程》关于城市公共汽电车应急处置基本操作规程的相关要求中,涉及"遇车载气瓶燃气泄漏"的有如下规定:

"5.1.6.1 应立即靠边停车熄火,打开车门,迅速疏散乘客,关闭电源、燃油、燃气总开关。

"5.1.6.2 告知乘客不要吸烟或使用手机。

"5.1.6.3 应关闭车载气瓶手动阀开关。

"5.1.6.4 应立即向'119'报警,同时向单位报告。

"5.1.6.5 在距车辆20m处放置安全警告标志,帮助乘客换乘其他运营车辆。

"5.1.6.6 使用车载灭火器,做好初起火情扑救准备。"

故本题选 ABCDE。

282. 根据《城市公共汽电车应急处置基本操作规程》(JT/T 999—2015),公交运营过程中,遇乘客打架等治安事件,驾乘人员(　　)。

A. 应立即靠边停车,在距车辆20m处放置安全警告标志,帮助乘客换乘其他运营车辆

B. 对打架当事人进行劝阻;劝阻无效时,立即向"110"报警,向单位报告,听从公安机关指挥

C. 当打人者强行逃逸时,应注意观察其体貌特征及逃跑方向,向公安机关提供侦破线索

D. 立即向单位报告

E. 立即向"110"报警

正确答案:ABC

【试题解析】

《城市公共汽电车应急处置基本操作规程》关于城市公共汽电车应急处置基本操作规程的相关要求中,涉及"遇乘客打架等治安事件"的有如下规定:

"5.2.1.1 应立即靠边停车,在距车辆20m处放置安全警告标志,帮助乘客换乘其他运营车辆。

"5.2.1.2 对打架当事人进行劝阻;劝阻无效时,立即向'110'报警,向单位报告,听从公安机关指挥。

"5.2.1.3 当打人者强行逃逸时,应注意观察其体貌特征及逃跑方向,向公安机关提供侦破线索。"

DE 选项错误:表述不准确、不严谨。

故本题选 ABC。

283. 根据《城市公共汽电车应急处置基本操作规程》(JT/T 999—2015),公交运营过程

中,遇运行线路发生人为堵塞、封路等事件,驾乘人员( )。

  A.立即向单位报告现场情况,按照临时绕行预案进行临时性绕行

  B.听从现场交警部门指挥

  C.立即靠边停车

  D.向乘客做好解释工作,有条件的情况下应帮助乘客换乘其他运营车辆

  E.立即改路绕行

正确答案:ABD

【试题解析】

《城市公共汽电车应急处置基本操作规程》关于城市公共汽电车应急处置基本操作规程的相关要求中,涉及"遇运行线路发生人为堵塞、封路等事件"的有如下规定:

"5.2.2.1 应立即向单位报告现场情况,按照临时绕行预案进行临时性绕行。

"5.2.2.2 听从现场交警部门指挥。

"5.2.2.3 向乘客做好解释工作,有条件的情况下应帮助乘客换乘其他运营车辆。"

  C选项错误:应立即先向单位报告现场情况,不应立即靠边停车。

  E选项错误:应立即先向单位报告现场情况,不应立即改路绕行。

  故本题选ABD。

284.根据《城市公共汽电车应急处置基本操作规程》(JT/T 999—2015),公交运营过程中,遇车辆遭劫持或恐怖威胁,驾乘人员( )。

  A.应保持冷静,坚守岗位,确保行车安全

  B.与作案人员周旋,设法疏散乘客,保护自身安全

  C.设法向"110"报警,向单位报告

  D.尽量记清作案人员的体貌特征,协助公安机关调查

  E.在危急情况下,应果断停车熄火、拔下钥匙,防止作案人员利用公交车辆制造恶性事端

正确答案:ABCDE

【试题解析】

《城市公共汽电车应急处置基本操作规程》关于城市公共汽电车应急处置基本操作规程的相关要求中,涉及"遇车辆遭劫持或恐怖威胁"的有如下规定:

"5.3.1.1 应保持冷静,坚守岗位,确保行车安全。

"5.3.1.2 与作案人员周旋,设法疏散乘客,保护自身安全。

"5.3.1.3 设法向'110'报警,向单位报告。

"5.3.1.4 尽量记清作案人员的体貌特征,协助公安机关调查。

"5.3.1.5 在危急情况下,应果断停车熄火、拔下钥匙,防止作案人员利用公交车辆制造恶性事端。"

  故本题选ABCDE。

285. 根据《城市公共汽电车应急处置基本操作规程》(JT/T 999—2015),公交运营过程中,遇车辆发生人为纵火,驾乘人员在未起火时,应设法稳住作案人员情绪,与其周旋,组织乘客防止其纵火行为的发生;在起火时,应立即靠边停车熄火,打开车门,迅速疏散乘客,关闭电源、燃油、燃气总开关;(   )。

  A. 当车门开关失效时,应使用应急开关打开车门或打开逃生窗,使用安全锤等工具击碎车窗玻璃,迅速疏散乘客。紧急情况下,应积极组织动员乘客、社会公众等参与应急救援

  B. 应立即向"110""119""120"报警,同时向单位报告

  C. 使用车载灭火器扑救初起火情,就近寻求抢险援助

  D. 在距车辆20m处放置安全警告标志,帮助乘客换乘其他运营车辆,必要时留下两名以上目击证人或其联系方式

  E. 保护现场,配合公安机关侦查案件,协助医护人员抢救伤员

正确答案:ABCDE

【试题解析】

《城市公共汽电车应急处置基本操作规程》关于城市公共汽电车应急处置基本操作规程的相关要求中,涉及"遇车辆发生人为纵火"的有如下规定:

"5.3.2.1 未起火时,应设法稳住作案人员情绪,与其周旋,组织乘客防止其纵火行为的发生。

"5.3.2.2 起火时,应立即靠边停车熄火,打开车门,迅速疏散乘客,关闭电源、燃油、燃气总开关。

"5.3.2.3 当车门开关失效时,应使用应急开关打开车门或打开逃生窗,使用安全锤等工具击碎车窗玻璃,迅速疏散乘客。紧急情况下,应积极组织动员乘客、社会公众等参与应急救援。

"5.3.2.4 应立即向'110''119''120'报警,同时向单位报告。

"5.3.2.5 使用车载灭火器扑救初起火情,就近寻求抢险援助。

"5.3.2.6 在距车辆20m处放置安全警告标志,帮助乘客换乘其他运营车辆,必要时留下两名以上目击证人或其联系方式。

"5.3.2.7 保护现场,配合公安机关侦查案件,协助医护人员抢救伤员。"

故本题选 ABCDE。

286. 根据《城市公共汽电车应急处置基本操作规程》(JT/T 999—2015),公交运营过程中,遇车辆发生爆炸,驾乘人员应立即靠边停车熄火,打开车门,迅速疏散乘客,关闭电源、燃油、燃气总开关,(   )。

  A. 当车门开关失效时,应使用应急开关打开车门或打开逃生窗,使用安全锤等工具击碎车窗玻璃,迅速疏散乘客。紧急情况下,应积极组织动员乘客、社会公众等参与应急救援

B. 应立即向"110""119""120"报警,同时向单位报告

C. 协助公安消防部门扑救火灾

D. 在距车辆20m处放置安全警告标志,帮助乘客换乘其他运营车辆,必要时留下两名以上目击证人或其联系方式

E. 保护现场,配合公安机关侦破案件,协助医护人员抢救伤员

正确答案:ABCDE

【试题解析】

《城市公共汽电车应急处置基本操作规程》关于城市公共汽电车应急处置基本操作规程的相关要求中,涉及"遇车辆发生爆炸"的有如下规定:

"5.3.3.1 应立即靠边停车熄火,打开车门,迅速疏散乘客,关闭电源、燃油、燃气总开关。

"5.3.3.2 当车门开关失效时,应使用应急开关打开车门或打开逃生窗,使用安全锤等工具击碎车窗玻璃,迅速疏散乘客。紧急情况下,应积极组织动员乘客、社会公众等参与应急救援。

"5.3.3.3 应立即向'110''119''120'报警,同时向单位报告。

"5.3.3.4 协助公安消防部门扑救火灾。

"5.3.3.5 在距车辆20m处放置安全警告标志,帮助乘客换乘其他运营车辆,必要时留下两名以上目击证人或其联系方式。

"5.3.3.6 保护现场,配合公安机关侦破案件,协助医护人员抢救伤员。"

故本题选ABCDE。

287. 根据《城市公共汽电车应急处置基本操作规程》(JT/T 999—2015),公交运营过程中,遇大雨、暴雨天气,驾乘人员(　　)。

A. 当造成视线模糊、行驶困难时,应立即靠边停车,开启危险报警闪光灯,在距车辆20m处放置安全警告标志

B. 向乘客做好解释工作,尽可能将车辆停在地势较高,且远离树木、牌匾、高大建筑物、高压线、变压器等的安全区域,保障乘客安全

C. 应立即向"110"报警,同时向单位报告,请求救援,防止发生次生事故

D. 在遇积水、路况不明的情况下,不应强行涉水通过,应将险情告知调度人员和后续车辆,绕行其他线路

E. 应开启转向灯,减速行驶

正确答案:ABCD

【试题解析】

《城市公共汽电车应急处置基本操作规程》关于城市公共汽电车应急处置基本操作规程的相关要求中,涉及"遇大雨、暴雨天气"的有如下规定:

"5.4.1.1 当造成视线模糊、行驶困难时,应立即靠边停车,开启危险报警闪光灯,在距

车辆20m处放置安全警告标志。

"5.4.1.2 向乘客做好解释工作,尽可能将车辆停在地势较高,且远离树木、牌匾、高大建筑物、高压线、变压器等的安全区域,保障乘客安全。

"5.4.1.3 应立即向'110'报警,同时向单位报告,请求救援,防止发生次生事故。

"5.4.1.4 在遇积水、路况不明的情况下,不应强行涉水通过,应将险情告知调度人员和后续车辆,绕行其他线路。"

E选项错误:不是开启转向灯。

故本题选ABCD。

288. 根据《城市公共汽电车应急处置基本操作规程》(JT/T 999—2015),公交运营过程中,遇大雪、暴雪天气,驾乘人员(　　)。

　　A. 遇冰雪天气时,应提前准备防滑链、防滑沙等防滑物资,视雪情、路情应急使用
　　B. 当道路不能达到安全通行条件时,应立即靠边停车,开启危险报警闪光灯,在距车辆20m处放置安全警告标志
　　C. 应开启转向灯,减速行驶
　　D. 向乘客做好解释工作,视情将乘客疏散至安全区域
　　E. 应立即向"110"报警,同时向单位报告,请求救援,防止发生次生事故

正确答案:ABDE

【试题解析】

《城市公共汽电车应急处置基本操作规程》关于城市公共汽电车应急处置基本操作规程的相关要求中,涉及"遇大雪、暴雪天气"的有如下规定:

"5.4.2.1 遇冰雪天气时,应提前准备防滑链、防滑沙等防滑物资,视雪情、路情应急使用。

"5.4.2.2 当道路不能达到安全通行条件时,应立即靠边停车,开启危险报警闪光灯,在距车辆20m处放置安全警告标志。

"5.4.2.3 向乘客做好解释工作,视情将乘客疏散至安全区域。

"5.4.2.4 应立即向'110'报警,同时向单位报告,请求救援,防止发生次生事故。"

C选项错误:不是开启转向灯。

故本题选ABDE。

289. 根据《城市公共汽电车应急处置基本操作规程》(JT/T 999—2015),公交运营过程中,遇大风、强风天气,驾乘人员(　　)。

　　A. 遇道路不能达到安全通行条件时,应缓慢行驶
　　B. 遇道路不能达到安全通行条件时,应将车辆停在安全地带,开启危险报警闪光灯,在距车辆20m处放置安全警告标志
　　C. 向乘客做好解释工作,视情将乘客疏散至安全区域
　　D. 应立即向"110"报警,同时向单位报告,请求救援,防止发生次生事故

E. 直接将乘客疏散至安全区域

正确答案:BCD

【试题解析】

《城市公共汽电车应急处置基本操作规程》关于城市公共汽电车应急处置基本操作规程的相关要求中,涉及"遇大风、强风天气"的有如下规定:

"5.4.3.1 遇道路不能达到安全通行条件时,应将车辆停在安全地带,开启危险报警闪光灯,在距车辆20m处放置安全警告标志。

"5.4.3.2 向乘客做好解释工作,视情将乘客疏散至安全区域。

"5.4.3.3 应立即向'110'报警,同时向单位报告,请求救援,防止发生次生事故。"

A错误:遇道路不能达到安全通行条件时,应将车辆停在安全地带,不应缓慢行驶。

E错误:应向乘客做好解释工作,视情将乘客疏散至安全区域,不应直接将乘客疏散至安全区域。

故本题选BCD。

290. 根据《城市公共汽电车应急处置基本操作规程》(JT/T 999—2015),公交运营过程中,遇雾霾、沙尘天气,驾乘人员(   )。

A. 能见度小于200m且大于或等于50m时,应开启雾灯和危险报警闪光灯,并将车速控制在30km/h

B. 能见度小于50m且大于或等于10m时,应开启雾灯和危险报警闪光灯,并将车速控制在10km/h以内,以路边电线杆、路沿等明显物体为参照物,在规定车道内谨慎驾驶,确保行车安全

C. 能见度小于200m且大于或等于50m时,应开启雾灯和危险报警闪光灯,并将车速控制在20km/h

D. 能见度小于50m且大于或等于10m时,应开启雾灯和危险报警闪光灯,并将车速控制在5km/h以内,以路边电线杆、路沿等明显物体为参照物,在规定车道内谨慎驾驶,确保行车安全

E. 能见度小于10m时,车辆应选择安全地点停运,开启雾灯和危险报警闪光灯,防止发生次生事故

正确答案:CDE

【试题解析】

《城市公共汽电车应急处置基本操作规程》关于城市公共汽电车应急处置基本操作规程的相关要求中,涉及"遇雾霾、沙尘天气"的有如下规定:

"5.4.4.1 能见度小于200m且大于或等于50m时,应开启雾灯和危险报警闪光灯,并将车速控制在20km/h。

"5.4.4.2 能见度小于50m且大于或等于10m时,应开启雾灯和危险报警闪光灯,并将车速控制在5km/h以内,以路边电线杆、路沿等明显物体为参照物,在规定车道内谨慎驾

驶,确保行车安全。

"5.4.4.3 能见度小于10m时,车辆应选择安全地点停运,开启雾灯和危险报警闪光灯,防止发生次生事故。"

AB选项错误:表述不正确。

故本题选CDE。

291.根据《城市公共汽电车应急处置基本操作规程》(JT/T 999—2015),公交运营过程中,遇地震,驾乘人员(　　)。

　　A.行车中发生地震,应安抚乘客不要惊慌,并将车辆停在远离高大建筑物和危险场所的安全区域
　　B.将车门打开,疏导乘客到开阔地带
　　C.应立即向"110"报警,并向单位报告,请求救援,防止发生次生事故
　　D.直接将车辆停在远离高大建筑物和危险场所的安全区域
　　E.立即靠边停车

正确答案:ABC

【试题解析】

《城市公共汽电车应急处置基本操作规程》关于城市公共汽电车应急处置基本操作规程的相关要求中,涉及"遇地震"的有如下规定:

"5.4.5.1 行车中发生地震,应安抚乘客不要惊慌,并将车辆停在远离高大建筑物和危险场所的安全区域。

"5.4.5.2 将车门打开,疏导乘客到开阔地带。

"5.4.5.3 应立即向'110'报警,并向单位报告,请求救援,防止发生次生事故。"

DE选项错误:不应直接将车辆停在远离高大建筑物和危险场所的安全区域或立即靠边停车,应安抚乘客不要惊慌,并将车辆停在远离高大建筑物和危险场所的安全区域。

故本题选ABC。

292.根据《城市公共汽电车应急处置基本操作规程》(JT/T 999—2015),公交运营过程中,遇泥石流(塌方),驾乘人员(　　)。

　　A.应立即组织乘客迅速撤离到安全区域,并将险情告知调度人员和后续车厢
　　B.在组织乘客脱离危险的同时,应立即向"110"报警,并向单位报告,请求救援,防止发生次生事故
　　C.立即靠边停车
　　D.立即加速行驶,避开泥石流
　　E.立即减速行驶

正确答案:AB

【试题解析】

《城市公共汽电车应急处置基本操作规程》关于城市公共汽电车应急处置基本操作规程的相关要求中,涉及"遇泥石流(塌方)"的有如下规定:

"5.4.6.1 应立即组织乘客迅速撤离到安全区域,并将险情告知调度人员和后续车辆。

"5.4.6.2 在组织乘客脱离危险的同时,应立即向'110'报警,并向单位报告,请求救援,防止发生次生事故。"

CDE 选项错误:不应立即靠边停车或立即加速行驶或立即减速行驶,应立即组织乘客迅速撤离到安全区域,并将险情告知调度人员和后续车厢,在组织乘客脱离危险的同时,应立即向"110"报警,并向单位报告。

故本题选 AB。

293. 根据《城市公共汽电车突发事件应急预案编制规范》(JT/T 1018—2016),城市公共汽电车企业应急预案应侧重明确突发事件应急响应责任人、风险隐患监测、（　　）等,应体现自救互救、信息报告和先期处置特点。

  A. 信息报告

  B. 预警响应

  C. 应急处置

  D. 人员疏散撤离的组织和路线

  E. 可调用或可请求援助的应急资源情况及如何实施

正确答案:ABCDE

【试题解析】

《城市公共汽电车突发事件应急预案编制规范》关于城市公共汽电车突发事件应急预案编制的相关要求中,涉及"各级预案内容要点"的有如下规定:

"4.2.4 运营企业应急预案

"应急预案应侧重明确突发事件应急响应责任人、风险隐患监测、信息报告、预警响应、应急处置、人员疏散撤离的组织和路线、可调用或可请求援助的应急资源情况及如何实施等,应体现自救互救、信息报告和先期处置特点。"

故本题选 ABCDE。

294. 根据《城市公共汽电车突发事件应急预案编制规范》(JT/T 1018—2016),城市公共汽电车企业编制应急预案应做好以下准备工作(　　)。

  A. 收集相关预案编制所需的各种资料,包括相关法律法规、应急预案、技术标准、国内外突发事件应急处置案例分析、本地区社会情况与自然条件分析、本单位技术资料等

  B. 全面分析本级公共汽电车客运相关危险因素、可能发生的突发事件类型及其危害程度

  C. 排查公共汽电车客运安全隐患的种类、级别和分布情况,确定危险源,进行风险评估,并确定相应的防范措施

  D. 根据突发事件类型和危害程度,确定所有需要参与应急处置的部门和单位

正确答案:ABCD

【试题解析】

《城市公共汽电车突发事件应急预案编制规范》关于城市公共汽电车突发事件应急预案编制的相关要求中,涉及"应急预案编制基本要求"的有如下规定:

"5.1 编制准备

"编制应急预案应做好以下准备工作:

"a) 收集相关预案编制所需的各种资料,包括相关法律法规、应急预案、技术标准、国内外突发事件应急处置案例分析、本地区社会情况与自然条件分析、本单位技术资料等。

"b) 全面分析本级公共汽电车客运相关危险因素、可能发生的突发事件类型及其危害程度。

"c) 排查公共汽电车客运安全隐患的种类、级别和分布情况,确定危险源,进行风险评估,并确定相应的防范措施。

"d) 根据突发事件类型和危害程度,确定所有需要参与应急处置的部门和单位。

"……"

故本题选 ABCD。

295. 根据《城市公共汽电车突发事件应急预案编制规范》(JT/T 1018—2016),城市公共汽电车企业应急预案编制过程中应注意下列事项(　　)。

　　A. 注重本单位员工的参与

　　B. 应广泛听取有关部门、单位和专家的意见

　　C. 涉及其他单位职责的,应书面征求相关单位意见

　　D. 必要时,应向社会公开征求意见

　　E. 要向社会公开征求意见

正确答案:ABCD

【试题解析】

《城市公共汽电车突发事件应急预案编制规范》关于城市公共汽电车突发事件应急预案编制的相关要求中,涉及"编制过程注意事项"的有如下规定:

"5.3 编制过程注意事项

"应急预案编制过程中应注意下列事项:

"a) 政府应急预案应注重企业的参与,运营企业应急预案注重本单位员工的参与;

"b) 应广泛听取有关部门、单位和专家的意见,涉及其他单位职责的,应书面征求相关单位意见。必要时,应向社会公开征求意见。"

E 选项错误:必要时应向社会公开征求意见,不必要时可以不向社会公开征求意见。

故本题选 ABCD。

296. 根据《城市公共汽电车突发事件应急预案编制规范》(JT/T 1018—2016),城市公共汽电车企业应急预案主要由(　　)构成,运营企业应急预案体系应符合 GB/T 29639 的规定。

A. 综合应急预案　　　　　　　　B. 专项应急预案

C. 突发事件工作方案　　　　　　D. 现场处置工作方案

E. 突发事件处置方法

正确答案：ABD

【试题解析】

《城市公共汽电车突发事件应急预案编制规范》关于城市公共汽电车突发事件应急预案编制的相关要求中，涉及"预案体系构成和各级预案内容要点"的有如下规定：

"4.1　体系构成

"……运营企业应急预案主要由综合应急预案、专项应急预案和现场处置工作方案构成，运营企业应急预案体系应符合 GB/T 29639 的规定。"

CE 选项错误：表述不准确

故本题选 ABD。

297. 根据《城市公共汽电车突发事件应急预案编制规范》（JT/T 1018—2016），城市公共汽电车企业综合应急预案应包括总则、（　　）、信息发布、后期处置、保障措施、应急预案管理、附则、附件等内容。

A. 突发事件描述　　　　　　　　B. 应急机构及职责

C. 监测与预警　　　　　　　　　D. 信息报告

E. 应急响应

正确答案：ABCDE

【试题解析】

《城市公共汽电车突发事件应急预案编制规范》关于城市公共汽电车突发事件应急预案编制的相关要求中，涉及"运营企业应急预案编制内容"的有如下规定：

7.1　综合应急预案要求综合应急预案应包括总则、突发事件描述、应急机构及职责、监测与预警、信息报告、应急响应、信息发布、后期处置、保障措施、应急预案管理、附则、附件等内容。

故本题选 ABCDE。

298. 根据《城市公共汽电车突发事件应急预案编制规范》（JT/T 1018—2016），城市公共汽电车企业专项应急预案主要包括制订目的、制订依据、（　　）等内容。

A. 风险分析　　　　　　　　　　B. 应急机构及职责

C. 处置原则　　　　　　　　　　D. 信息报告

E. 处置方案

正确答案：ABCDE

【试题解析】

《城市公共汽电车突发事件应急预案编制规范》关于城市公共汽电车突发事件应急预案编制的相关要求中，涉及"运营企业应急预案编制内容"的有如下规定：

7.2 专项应急预案要求专项应急预案主要包括制订目的、制订依据、风险分析、应急机构及职责、处置原则、信息报告、处置方案等内容。

故本题选 ABCDE。

299. 根据《城市公共汽电车运营安全管理规范》(JT/T 1156—2017),运营企业应组织开展安全运营法律法规和相关知识的宣传,制订并实施年度及长期的安全教育培训计划,对( )进行定期培训,并对培训效果进行评审。

A. 企业主要负责人　　　　　　　B. 安全管理人员
C. 从业人员　　　　　　　　　　D. 用户
E. 乘客

正确答案:ABC

【试题解析】

《城市公共汽电车运营安全管理规范》关于城市公共汽电车运营安全管理要求中,涉及"运营企业安全培训"的有如下规定:

"5.4 组织开展安全运营法律法规和相关知识的宣传,制订并实施年度及长期的安全教育培训计划,对企业主要负责人、安全管理人员和从业人员进行定期培训,并对培训效果进行评审。"

DE 选项错误:不包括用户和乘客。

故本题选 ABC。

300. 根据《城市公共汽电车客运服务规范》(GB/T 22484—2016),候车亭应( ),具有标识性且便于维护。

A. 安全　　　B. 实用　　　C. 美观　　　D. 简洁

正确答案:ABCD

【试题解析】

《城市公共汽电车客运服务规范》关于城市公共汽电车运营安全管理要求中,涉及"候车亭"的有如下规定:

"5.2.1 候车亭应安全、实用、美观、简洁,具有标识性且便于维护。"

故本题选 ABCD。

301. 根据《城市公共汽电车客运服务规范》(GB/T 22484—2016),公交车辆外侧及车厢内设置的广告( )。

A. 不应影响车辆的运行安全
B. 不应影响车辆卫生
C. 不应影响车辆标志和服务标志的识别
D. 不应影响乘客视线
E. 不应影响乘客乘车

正确答案:AC

【试题解析】

《城市公共汽电车客运服务规范》关于城市公共汽电车运营安全管理要求中,涉及"服务设施"的有如下规定:

"6.5.2 车辆外侧及车厢内设置的广告不应影响车辆的运行安全,不应影响车辆标志和服务标志的识别。"

BDE 选项错误:在标准里未提及。

故本题选 AC。

302.根据《城市公共汽电车客运服务规范》(GB/T 22484—2016),公交车身顶篷及内外皮应(　　)。

  A.干净 B.整洁 C.无破损 D.无变形 E.平滑

正确答案:CD

【试题解析】

《城市公共汽电车客运服务规范》关于城市公共汽电车运营安全管理要求中,涉及"服务设施"的有如下规定:

"6.5.3 车身顶篷及内外皮应无破损、无变形,双层车辆上层车厢前风挡玻璃处防护栏应完整牢靠。"

ABE 选项错误:表述不准确。

故本题选 CD。

303.根据《城市公共汽电车客运服务规范》(GB/T 22484—2016),公交运营服务人员在服务过程中,不吸烟、(　　)。

  A.不吃零食 B.不与人闲谈

  C.不做其他与本职工作无关的事 D.不擅离工作岗位

  E.打手机

正确答案:ABCD

【试题解析】

《城市公共汽电车客运服务规范》关于城市公共汽电车运营安全管理要求中,涉及"运营服务人员"的有如下规定:

"7.10 在服务过程中,不吸烟、不吃零食、不与人闲谈、不做其他与本职工作无关的事、不擅离工作岗位。"

E 选项错误:不能打手机。

故本题选 ABCD。

304.根据《城市公共汽电车运营安全管理规范》(JT/T 1156—2017),城市公共汽电车场站内通道及出入口应保持畅通,停车场出入口应设置(　　)。

  A.交通警示标志 B.限速标志

C. 安全生产标志 D. 工作标识
E. 工作标志

正确答案：AB

【试题解析】

《城市公共汽电车运营安全管理规范》关于城市公共汽电车运营安全管理要求中，涉及"线路场站安全管理"的有如下规定：

"8.3 场站内通道及出入口应保持畅通，停车场出入口应设置交通警示标志和限速标志。"

CDE 选项错误：表述不准确

故本题选 AB。

305. 根据《交通运输企业安全生产标准化建设基本规范 第 14 部分：城市公共汽电车客运企业》（JTT 1180.14—2018），城市公共汽电车企业应按照法规要求对特种设备进行（　　）。检验应在有资质的机构进行，并取得检验合格证明。

A. 定期检验 B. 不定期抽查
C. 维护保养 D. 卫生检查
E. 风险管控

正确答案：AC

【试题解析】

《交通运输企业安全生产标准化建设基本规范 第 14 部分：城市公共汽电车客运企业》中关于城市公共汽电车客运企业安全生产标准化建设的相关要求中，涉及"特种设备"有如下规定：

"6.1.4.2 企业应按照法规要求对特种设备进行定期检验和维护保养。检验应在有资质的机构进行，并取得检验合格证明。"

BDE 选项错误：表述不正确。

故本题选 AC。

306. 根据《城市公共汽电车车辆专用安全设施技术要求》（JT/T 1240—2019），车内外视频监控系统应符合 JT/T 1076 和 JT/T 1078 的规定，视频监控覆盖范围至少应包括（　　）。

A. 驾驶区 B. 乘客门区
C. 乘客区 D. 车外前部区域
E. 车外后部区域

正确答案：ABCD

【试题解析】

《城市公共汽电车车辆专用安全设施技术要求》关于城市公共汽电车车辆专用安全设施要求中，涉及"车内外视频监控系统"的有如下规定：

"4.6 车内外视频监控系统以及车载智能调度终端应符合以下要求：

"a)视频监控系统应符合 JT/T 1076 和 JT/T 1078 的规定,视频监控覆盖范围至少应包括驾驶区、乘客门区、乘客区及车外前部区域;

"……"

E 选项错误:应是车外前部区域,不包括车外后部区域。

故本题选 ABCD。

307.根据《城市公共汽电车车辆专用安全设施技术要求》(JT/T 1240—2019),驾驶区应设置防护隔离设施,其设置(　　)。

　　A.不应影响驾驶员安全视线

　　B.不应影响乘客及驾驶员的应急撤离

　　C.不应影响驾驶员的驾驶操作和座椅调节

　　D.不应影响驾驶员观测右侧前乘客们区域及后视镜、刷卡机、投币机等

　　E.应有效防止乘客与驾驶员直接肢体接触,防止乘客抢夺方向盘

正确答案:ABCDE

【试题解析】

《城市公共汽电车车辆专用安全设施技术要求》关于城市公共汽电车车辆专用安全设施要求中,涉及"驾驶区防护隔离设施"的有如下规定:

"8.1　驾驶区应设置防护隔离设施,其设置不应影响驾驶员安全视线,不应影响乘客及驾驶员的应急撤离。

"8.2　防护隔离设施的设置不应影响驾驶员的驾驶操作和座椅调节。

"8.3　防护隔离设施的设置不应影响驾驶员观测右侧前乘客们区域及后视镜、刷卡机、投币机等。

"8.4　防护隔离设施的设置应有效防止乘客与驾驶员直接肢体接触,防止乘客抢夺转向盘。"

故本题选 ABCDE。

308.根据《城市公共汽电车车辆专用安全设施技术要求》(JT/T 1240—2019),新能源公交车应配置具有(　　)功能的电池箱灭火装置。

　　A.热失控预警　　　　　　　　　B.火灾报警

　　C.火灾抑制　　　　　　　　　　D.救火

　　E.感应

正确答案:ABC

【试题解析】

《城市公共汽电车车辆专用安全设施技术要求》关于城市公共汽电车车辆专用安全设施要求中,涉及"电池箱灭火装置"的有如下规定:

"11.1　新能源公交车应配置具有热失控预警、火灾预警及火灾抑制功能的电池箱灭火装置。"

DE 选项错误:表述不准确。

故本题选 ABC。

309. 根据《城市公共设施 电动汽车充换电设施运营管理服务规范》(GB/T 37293—2019),工作人员应接受(　　),掌握电动汽车基础知识、动力蓄电池基础知识、电动汽车安全知识、用电规范、紧急情况的处理方法,考核合格后上岗。

  A. 安全生产教育   B. 岗位技能培训
  C. 生产管理培训   D. 管理知识培训
  E. 人事教育培训

正确答案:AB

【试题解析】

《城市公共设施 电动汽车充换电设施运营管理服务规范》关于运营电动汽车安全与应急管理要求中,涉及"人员管理"的有如下规定:

"7.3.2 工作人员应接受安全生产教育和岗位技能培训,掌握电动汽车基础知识、动力蓄电池基础知识、电动汽车安全知识、用电规范、紧急情况的处理方法,考核合格后上岗。"

CDE 选项错误:表述不准确。

故本题选 AB。

310. 根据《城市公共设施 电动汽车充换电设施运营管理服务规范》(GB/T 37293—2019),充电站内的充电作业、设备维护等人员应(　　)。

  A. 掌握电动汽车充电安全知识   B. 掌握岗位操作规程
  C. 掌握紧急情况的处理方法   D. 持证上岗
  E. 工作方法

正确答案:ABCD

【试题解析】

《城市公共设施 电动汽车充换电设施运营管理服务规范》关于运营电动汽车安全与应急管理要求中,涉及"人员管理"的有如下规定:

"7.3.8 充电站内的充电作业、设备维护等人员应掌握电动汽车充电安全知识、岗位操作规程和紧急情况的处理方法,持证上岗。"

E 选项错误:表述不准确。

故本题选 ABCD。

311. 根据《城市公共设施 电动汽车充换电设施运营管理服务规范》(GB/T 37293—2019),电池更换站换电作业、电池维护人员应(　　)。电池维护人员还应掌握电池的检测、故障判断和处理方法。

  A. 了解电动汽车相关知识   B. 掌握换电设备的工作原理
  C. 掌握岗位操作规程   D. 持证上岗
  E. 工作方法

正确答案:ABCD

【试题解析】

《城市公共设施 电动汽车充换电设施运营管理服务规范》关于运营电动汽车安全与应急管理要求中,涉及"人员管理"的有如下规定:

"7.3.9 电池更换站换电作业、电池维护人员应了解电动汽车相关知识,掌握换电设备的工作原理和岗位操作规程,持证上岗……"

E选项错误:表述不准确。

故本题选ABCD。

三、判断题

312. 依据《中华人民共和国道路交通安全法》,达到报废标准的机动车视情况可上道路行驶。

正确答案:×

【试题解析】

《中华人民共和国道路交通安全法》第十四条依据机动车的安全技术状况和不同用途,对车辆报废标准作出了具体规定。

"第十四条 ……

"达到报废标准的机动车不得上道路行驶。报废的大型客、货车及其他营运车辆应当在公安机关交通管理部门的监督下解体。"

故此说法错误。

313. 依据《中华人民共和国道路交通安全法》,驾驶人应当按照驾驶证载明的准驾车型驾驶机动车。

正确答案:√

【试题解析】

《中华人民共和国道路交通安全法》第十九条依据国务院公安部门规定的驾驶许可条件,对机动车驾驶证作出了具体规定。

"第十九条 ……

"驾驶人应当按照驾驶证载明的准驾车型驾驶机动车;驾驶机动车时,应当随身携带机动车驾驶证。

"……"

故此说法正确。

314. 依据《中华人民共和国道路交通安全法》,驾驶机动车时,应当随身携带机动车驾驶证。

正确答案:√

【试题解析】

《中华人民共和国道路交通安全法》第十九条依据国务院公安部门规定的驾驶许可条件,对机动车驾驶证作出了具体规定。

"第十九条 ……

"驾驶人应当按照驾驶证载明的准驾车型驾驶机动车;驾驶机动车时,应当随身携带机动车驾驶证。

"……"

故此说法正确。

315. 依据《中华人民共和国道路交通安全法》,机动车驾驶人应当遵守道路交通安全法律、法规的规定,按照操作规范安全驾驶、文明驾驶。

正确答案:√

【试题解析】

《中华人民共和国道路交通安全法》第二十二条依据道路交通安全法律、法规,对机动车驾驶人驾驶机动车作出了具体规定。

"第二十二条 机动车驾驶人应当遵守道路交通安全法律、法规的规定,按照操作规范安全驾驶、文明驾驶。

"……"

故此说法正确。

316. 依据《中华人民共和国道路交通安全法》,对遵守道路交通安全法律、法规,在一年内无累积记分的机动车驾驶人,可以延长机动车驾驶证的审验期。

正确答案:√

【试题解析】

《中华人民共和国道路交通安全法》第二十四条依据道路交通安全法律、法规,对机动车驾驶证管理制度作出了具体规定。

"第二十四条 ……

"对遵守道路交通安全法律、法规,在一年内无累积记分的机动车驾驶人,可以延长机动车驾驶证的审验期。具体办法由国务院公安部门规定。"

故此说法正确。

317. 依据《中华人民共和国道路交通安全法》,车辆、行人应当按照交通信号通行。

正确答案:√

【试题解析】

《中华人民共和国道路交通安全法》第三十八条依据道路交通安全法律、法规,对车辆、行人通行作出了具体规定。

"第三十八条 车辆、行人应当按照交通信号通行;遇有交通警察现场指挥时,应当按照交通警察的指挥通行;在没有交通信号的道路上,应当在确保安全、畅通的原则下通行。"

故此说法正确。

318. 依据《中华人民共和国道路交通安全法》,车辆、行人遇有交通警察现场指挥时,应当按照交通警察的指挥通行。

正确答案:√

【试题解析】

《中华人民共和国道路交通安全法》第三十八条依据道路交通安全法律、法规,对车辆、行人通行作出了具体规定。

"第三十八条　车辆、行人应当按照交通信号通行;遇有交通警察现场指挥时,应当按照交通警察的指挥通行;在没有交通信号的道路上,应当在确保安全、畅通的原则下通行。"

故此说法正确。

319.依据《中华人民共和国道路交通安全法》,车辆、行人在没有交通信号的道路上,应当随意通行。

正确答案:×

【试题解析】

《中华人民共和国道路交通安全法》第三十八条依据道路交通安全法律、法规,对车辆、行人通行作出了具体规定。

"第三十八条　车辆、行人应当按照交通信号通行;遇有交通警察现场指挥时,应当按照交通警察的指挥通行;在没有交通信号的道路上,应当在确保安全、畅通的原则下通行。"

故此说法错误。

320.依据《中华人民共和国道路交通安全法》,机动车通过交叉路口,应当按照交通信号灯、交通标志、交通标线或者交通警察的指挥通过。

正确答案:√

【试题解析】

《中华人民共和国道路交通安全法》第四十四条依据道路交通安全法律、法规,对机动车通过交叉路口的方式作出了具体规定。

"第四十四条　机动车通过交叉路口,应当按照交通信号灯、交通标志、交通标线或者交通警察的指挥通过;通过没有交通信号灯、交通标志、交通标线或者交通警察指挥的交叉路口时,应当减速慢行,并让行人和优先通行的车辆先行。"

故此说法正确。

321.依据《中华人民共和国道路交通安全法》,机动车行驶时,驾驶人、乘坐人员可根据实际情况使用安全带。

正确答案:×

【试题解析】

《中华人民共和国道路交通安全法》第五十一条依据道路交通安全法律、法规,对机动车驾驶人、乘坐人使用安全带作出了具体规定。

"第五十一条　机动车行驶时,驾驶人、乘坐人员应当按规定使用安全带,摩托车驾驶人及乘坐人员应当按规定戴安全头盔。"

故此说法错误。

322. 依据《中华人民共和国道路交通安全法》，机动车发生交通事故造成人身伤亡、财产损失的，无论大小，仅由保险公司在机动车第三者责任强制保险责任限额范围内予以赔偿。

正确答案：×

【试题解析】

《中华人民共和国道路交通安全法》第七十六条依据交通事故情况，对事故处理和事故损害赔偿原则作出了具体规定。

"第七十六条 机动车发生交通事故造成人身伤亡、财产损失的，由保险公司在机动车第三者责任强制保险责任限额范围内予以赔偿……"

故此说法错误。

323. 依据《中华人民共和国道路交通安全法实施条例》，机动车所有人应当在报废期满前将机动车交售给公安机关交通管理部门注销。

正确答案：×

【试题解析】

《中华人民共和国道路交通安全法实施条例》第九条依据国家规定的强制报废标准，对机动车报废制度作出了具体规定。

"第九条 ……机动车所有人应当在报废期满前将机动车交售给机动车回收企业，由机动车回收企业将报废的机动车登记证书、号牌、行驶证交公安机关交通管理部门注销……"

故此说法错误。

324. 依据《中华人民共和国道路交通安全法实施条例》，机动车超车时，应当提前开启右转向灯、变换使用远、近光灯或者鸣喇叭。

正确答案：×

【试题解析】

《中华人民共和国道路交通安全法实施条例》第四十七条依据机动车行驶情况，对机动车超车作出了具体规定。

"第四十七条 机动车超车时，应当提前开启左转向灯、变换使用远、近光灯或者鸣喇叭……"

故此说法错误。

325. 依据《中华人民共和国道路交通安全法实施条例》，机动车在没有禁止掉头或者没有禁止左转弯标志、标线的地点可以掉头，但不得妨碍正常行驶的其他车辆和行人的通行。

正确答案：√

【试题解析】

《中华人民共和国道路交通安全法实施条例》第四十九条依据机动车行驶安全情况，对机动车不得掉头的情况作出了具体规定。

"第四十九条 机动车在有禁止掉头或者禁止左转弯标志、标线的地点以及在铁路道口、人行横道、桥梁、急弯、陡坡、隧道或者容易发生危险的路段，不得掉头。

"……"

故此说法正确。

326. 依据《中华人民共和国道路交通安全法实施条例》，机动车倒车时，应当察明车后情况，确认安全后倒车。

正确答案：√

【试题解析】

《中华人民共和国道路交通安全法实施条例》第五十条依据机动车行驶安全情况，对机动车不得倒车的情况作出了具体规定。

"第五十条 机动车倒车时，应当察明车后情况，确认安全后倒车。不得在铁路道口、交叉路口、单行路、桥梁、急弯、陡坡或者隧道中倒车。"

故此说法正确。

327. 依据《中华人民共和国道路交通安全法实施条例》，驾驶员不得连续驾驶机动车3小时未停车休息。

正确答案：×

【试题解析】

《中华人民共和国道路交通安全法实施条例》第六十二条依据驾驶员生理特征，对驾驶员停车休息的情况作出了具体规定。

"第六十二条 驾驶机动车不得有下列行为：

"……

"（七）连续驾驶机动车超过4小时未停车休息或者停车休息时间少于20分钟；

"……"

故此说法错误。

328. 依据《中华人民共和国道路交通安全法实施条例》，机动车行经渡口，应当服从渡口管理人员指挥，按照指定地点依次待渡。

正确答案：√

【试题解析】

《中华人民共和国道路交通安全法实施条例》第六十五条依据渡口特征，对机动车通过渡口作出了具体规定。

"第六十五条 ……

"机动车行经渡口，应当服从渡口管理人员指挥，按照指定地点依次待渡。机动车上下渡船时，应当低速慢行。"

故此说法正确。

329. 依据《中华人民共和国道路交通安全法实施条例》，当事人故意破坏、伪造现场、毁灭证据的，承担全部责任。

正确答案：√

【试题解析】

《中华人民共和国道路交通安全法实施条例》第九十二条依据道路交通安全法律、法规,对交通肇事故意破坏、伪造现场、毁灭证据责任作出了具体规定。

"第九十二条　发生交通事故后当事人逃逸的,逃逸的当事人承担全部责任。但是,有证据证明对方当事人也有过错的,可以减轻责任。

"当事人故意破坏、伪造现场、毁灭证据的,承担全部责任。"

故此说法正确。

330. 根据《国务院关于城市优先发展公共交通的指导意见》,城市公共交通企业作为安全责任主体,要落实安全管理责任,加大经费投入。

正确答案:√

【试题解析】

《国务院关于城市优先发展公共交通的指导意见》第五条第四款提出健全安全管理制度,依据安全第一、质量为本的理念,对城市公共交通企业安全管理制度作出了具体规定。

"(四)健全安全管理制度。

"……城市公共交通企业作为安全责任主体,要完善各项规章制度和岗位规范,健全安全管理机构,配备专职管理人员,落实安全管理责任,加大经费投入,定期开展安全检查和隐患排查,严格实施车辆维修和报废制度,增强突发事件防范和应急能力……"

故此说法正确。

331. 依据《城市公共汽车和电车客运管理规定》相关规定,运营企业应当根据城市公共汽电车客运突发事件应急预案,制定本企业的应急预案,并定期演练。

正确答案:√

【试题解析】

《城市公共汽车和电车客运管理规定》第五十二条依据城市公共汽电车客运突发事件应急预案,对企业应急预案作出了具体规定。

"第五十二条　……

运营企业应当根据城市公共汽电车客运突发事件应急预案,制定本企业的应急预案,并定期演练。

"……"

故此说法正确。

332. 根据《机动车运行安全技术条件》(GB 7258—2017),机动车标注的警告性文字应有中文。

正确答案:√

【试题解析】

《机动车运行安全技术条件》中4.7图形和文字标志下的4.7.3,根据机动车行驶安全特性,对机动车标注的警告性文字作出了具体规定。

"4.7.3 机动车标注的警告性文字应有中文。"

故此说法正确。

333. 根据《机动车运行安全技术条件》(GB 7258—2017),机动车各零部件应完好,连接牢固,无缺损。

正确答案:√

【试题解析】

《机动车运行安全技术条件》中4.8外观下的4.8.1,根据机动车行驶安全特性,对机动车外观作出了具体规定。

"4.8.1 机动车各零部件应完好,连接牢固,无缺损。"

故此说法正确。

334. 根据《机动车运行安全技术条件》(GB 7258—2017),在发动机运转及停车时,散热器、水泵、缸体、缸盖、暖风装置及所有连接部位可有轻微滴漏现象。

正确答案:×

【试题解析】

《机动车运行安全技术条件》中4.9根据机动车行驶安全特性,对机动车漏水检查作出了具体规定。

"4.9 在发动机运转及停车时,散热器、水泵、缸体、缸盖、暖风装置及所有连接部位均不应有滴漏现象。"

故此说法错误。

335. 根据《机动车运行安全技术条件》(GB 7258—2017),发动机起动、燃料供给、润滑、冷却和进排气等系统的机件应齐全。

正确答案:√

【试题解析】

《机动车运行安全技术条件》中5.发动机下的5.3,根据机动车行驶安全特性,对机动车发动机和驱动电机作出了具体规定。

"5.3 发动机起动、燃料供给、润滑、冷却和进排气等系统的机件应齐全。"

故此说法正确。

336. 根据《机动车运行安全技术条件》(GB 7258—2017),机动车的转向盘(或转向把)应转动灵活,无卡滞现象。

正确答案:√

【试题解析】

《机动车运行安全技术条件》中6.转向系下的6.2,根据机动车行驶安全特性,对机动车转向系统作出了具体规定。

"6.2 机动车的转向盘(或转向把)应转动灵活,无卡滞现象……"

故此说法正确。

337. 根据《机动车运行安全技术条件》(GB 7258—2017),转向系统在任何操作位置上,不应与其他部件有干涉现象。

正确答案:√

【试题解析】

《机动车运行安全技术条件》中6.转向系统下的6.2,根据机动车行驶安全特性,对机动车转向系统作出了具体规定。

"6.2 ……转向系统在任何操作位置上,不应与其他部件有干涉现象。"

故此说法正确。

338. 根据《机动车运行安全技术条件》(GB 7258—2017),汽车(三轮汽车除外)应具有适度的不足转向特性。

正确答案:√

【试题解析】

《机动车运行安全技术条件》中6.转向系下的6.5,根据机动车行驶安全特性,对机动车转向系统作出了具体规定。

"6.5 汽车(三轮汽车除外)应具有适度的不足转向特性。"

故此说法正确。

339. 根据《机动车运行安全技术条件》(GB 7258—2017),制动系统的机构和装置应经久耐用,不会因振动或冲击而损坏。

正确答案:√

【试题解析】

《机动车运行安全技术条件》中7.1 基本要求下的7.1.2,根据机动车行驶安全特性,对机动车制动系统作出了具体规定。

"7.1.2 制动系统的机构和装置应经久耐用,不会因振动或冲击而损坏。"

故此说法正确。

340. 根据《机动车运行安全技术条件》(GB 7258—2017),机动车(总质量小于或等于750kg 的挂车除外)应具有完好的行车制动系统,其中汽车(三轮汽车除外)的行车制动可以采用单回路。

正确答案:×

【试题解析】

《机动车运行安全技术条件》中7.2 行车制动下的7.2.1,根据机动车行驶安全特性,对机动车行车制动作出了具体规定。

"7.2.1 机动车(总质量小于或等于750kg 的挂车除外)应具有完好的行车制动系统,其中汽车(三轮汽车除外)的行车制动必须采用双回路或多回路。"

故此说法错误。

341. 根据《机动车运行安全技术条件》(GB 7258—2017),汽车(三轮汽车除外)、摩托车

（边三轮摩托车除外）、挂车（总质量不大于750kg的挂车除外）的部分车轮应装备制动器。

正确答案：×

【试题解析】

《机动车运行安全技术条件》中7.2 行车制动下的7.2.6，根据机动车行驶安全特性，对机动车行车制动作出了具体规定。

"7.2.6 汽车（三轮汽车除外）、摩托车（边三轮摩托车除外）、挂车（总质量不大于750kg的挂车除外）的所有车轮应装备制动器……"

故此说法错误。

342. 根据《机动车运行安全技术条件》（GB 7258—2017），汽车（三轮汽车除外）应具有应急制动功能。

正确答案：√

【试题解析】

《机动车运行安全技术条件》中7.3 应急制动和剩余制动性能下的7.3.1，根据机动车行驶安全特性，对机动车应急制动作出了具体规定。

"7.3.1 汽车（三轮汽车除外）应具有应急制动功能。"

故此说法正确。

343. 根据《机动车运行安全技术条件》（GB 7258—2017），应急制动应保证在行车制动只有一处失效的情况下，在规定的距离内将汽车停住。

正确答案：√

【试题解析】

《机动车运行安全技术条件》中7.3 应急制动和剩余制动性能下的7.3.2，根据机动车行驶安全特性，对机动车应急制动作出了具体规定。

"7.3.2 应急制动应保证在行车制动只有一处失效的情况下，在规定的距离内将汽车停住。"

故此说法正确。

344. 根据《机动车运行安全技术条件》（GB 7258—2017），应急制动应是可控制的，其布置应使驾驶人容易操作，驾驶人在座位上至少用一只手握住转向盘的情况下（对乘用车为双手不离开转向盘的情况下），就可以实现制动。它的控制装置可以与行车制动的控制装置结合，也可以与驻车制动的控制装置结合。

正确答案：√

【试题解析】

《机动车运行安全技术条件》中7.3 应急制动和剩余制动性能下的7.3.3，根据机动车行驶安全特性，对机动车应急制动作出了具体规定。

"7.3.3 应急制动应是可控制的，其布置应使驾驶人容易操作，驾驶人在座位上至少用一只手握住转向盘的情况下（对乘用车为双手不离开转向盘的情况下），就可以实现制动，它的控制装置可以与行车制动的控制装置结合,也可以与驻车制动的控制装置结合。"

故此说法正确。

345.根据《机动车运行安全技术条件》(GB 7258—2017),采用助力制动系统的行车制动系统,当助力装置失效后,仍应能保持规定的应急制动性能。

正确答案:√

【试题解析】

《机动车运行安全技术条件》中7.3应急制动和剩余制动性能下的7.3.4,根据机动车行驶安全特性,对机动车助力制动系统作出了具体规定。

"7.3.4 采用助力制动系统的行车制动系统,当助力装置失效后,仍应能保持规定的应急制动性能。"

故此说法正确。

346.根据《机动车运行安全技术条件》(GB 7258—2017),机动车(两轮普通摩托车、边三轮摩托车、前轮距小于或等于460mm的正三轮摩托车和两轮轻便摩托车除外)应具有驻车制动装置。

正确答案:√

【试题解析】

《机动车运行安全技术条件》中7.4驻车制动下的7.4.1,根据机动车行驶安全特性,对机动车驻车制动作出了具体规定。

"7.4.1 机动车(两轮普通摩托车、边三轮摩托车、前轮距小于或等于460mm的正三轮摩托车和两轮轻便摩托车除外)应具有驻车制动装置。"

故此说法正确。

347.根据《机动车运行安全技术条件》(GB 7258—2017),驻车制动应能使机动车即使在没有驾驶人的情况下,也能停在上、下坡道上。驾驶人应在座位上就可以实现驻车制动。

正确答案:√

【试题解析】

《机动车运行安全技术条件》中7.4驻车制动下的7.4.2,根据机动车行驶安全特性,对机动车驻车制动作出了具体规定。

"7.4.2 驻车制动应能使机动车即使在没有驾驶人的情况下,也能停在上、下坡道上。驾驶人应在座位上就可以实现驻车制动……"

故此说法正确。

348.根据《机动车运行安全技术条件》(GB 7258—2017),机动车采用弹簧储能制动装置做驻车制动时,应保证在失效状态下能方便地解除驻车状态;如需使用专用工具,应随车配备。

正确答案:√

【试题解析】

《机动车运行安全技术条件》中7.4驻车制动下的7.4.5,根据机动车行驶安全特性,对机动车驻车制动作出了具体规定。

"7.4.5　采用弹簧储能制动装置做驻车制动时,应保证在失效状态下能方便地解除驻车状态;如需使用专用工具,应随车配备。"

故此说法正确。

349. 根据《机动车运行安全技术条件》(GB 7258—2017),机动车的液压行车制动系统不应由于制动液对制动管路的腐蚀或由于发动机及其他热源的作用形成气阻而影响行车制动系统的功能。

正确答案:√

【试题解析】

《机动车运行安全技术条件》中7.6液压制动的特殊要求下的7.6.3,根据机动车行驶安全特性,对机动车液压行车制动作出了具体规定。

"7.6.3　液压行车制动系统不应由于制动液对制动管路的腐蚀或由于发动机及其他热源的作用形成气阻而影响行车制动系统的功能。"

故此说法正确。

350. 根据《机动车运行安全技术条件》(GB 7258—2017),机动车的气压制动系统应安装保持压缩空气干燥、油水分离的装置。

正确答案:√

【试题解析】

《机动车运行安全技术条件》中7.7气压制动的特殊要求下的7.7.4,根据机动车行驶安全特性,对机动车气压制动作出了具体规定。

"7.7.4　机动车的气压制动系统应安装保持压缩空气干燥、油水分离的装置。"

故此说法正确。

351. 根据《机动车运行安全技术条件》(GB 7258—2017),机动车的灯具应安装牢靠、完好有效,不应由于机动车振动而松脱、损坏、失去作用或改变光照方向;所有灯光的开关应安装牢固、开关自如,不应由于机动车振动而自行开关。开关的位置应便于司乘人员操纵。

正确答案:×

【试题解析】

《机动车运行安全技术条件》中8.1基本要求下的8.1.1,根据机动车行驶安全特性,对机动车灯具作出了具体规定。

"8.1.1　机动车的灯具应安装牢靠、完好有效,不应由于机动车振动而松脱、损坏、失去作用或改变光照方向;所有灯光的开关应安装牢固、开关自如,不应由于机动车振动而自行开关。开关的位置应便于驾驶人操纵。"

故此说法错误。

352. 根据《机动车运行安全技术条件》(GB 7258—2017),机动车应安装或粘贴遮挡外部照明和信号装置透光面的护网、防护罩等装置。

正确答案：×

【试题解析】

《机动车运行安全技术条件》中8.1基本要求下的8.1.2，根据机动车行驶安全特性，对机动车照明和信号装置作出了具体规定。

"8.1.2 机动车不应安装或粘贴遮挡外部照明和信号装置透光面的护网、防护罩等装置(设计和制造上带有护网、防护罩且配光性能符合要求的灯具除外)……"

故此说法错误。

353.根据《机动车运行安全技术条件》(GB 7258—2017)，机动车的用户不应对外部照明和信号装置进行改装，也不应加装强制性标准以外的外部照明和信号装置，如货车和挂车向前行驶时向后方照射的灯具。

正确答案：√

【试题解析】

《机动车运行安全技术条件》中8.1基本要求下的8.1.3，根据机动车行驶安全特性，对机动车照明和信号装置作出了具体规定。

"8.1.3 用户不应对外部照明和信号装置进行改装，也不应加装强制性标准以外的外部照明和信号装置，如货车和挂车向前行驶时向后方照射的灯具……"

故此说法正确。

354.根据《机动车运行安全技术条件》(GB 7258—2017)，机动车(手扶拖拉机运输机组除外)的前位灯、后位灯、示廓灯、侧标志灯、牵引杆挂车标志灯、牌照灯应能同时启闭，仪表灯(仪表板的背景灯)和上述灯具当前照灯关闭和发动机熄火时应不能点亮。

正确答案：×

【试题解析】

《机动车运行安全技术条件》中8.3照明和信号装置的一般要求下的8.3.1，根据机动车行驶安全特性，对机动车照明装置作出了具体规定。

"8.3.1 机动车(手扶拖拉机运输机组除外)的前位灯、后位灯、示廓灯、侧标志灯、牵引杆挂车标志灯、牌照灯应能同时启闭，仪表灯(仪表板的背景灯)和上述灯具当前照灯关闭和发动机熄火时仍应能点亮……"

故此说法错误。

355.根据《机动车运行安全技术条件》(GB 7258—2017)，机动车对称设置、功能相同的灯具的光色和亮度不应有明显差异。

正确答案：√

【试题解析】

《机动车运行安全技术条件》中8.3照明和信号装置的一般要求下的8.3.3，根据机动车行驶安全特性，对机动车照明装置作出了具体规定。

"8.3.3 对称设置、功能相同的灯具的光色和亮度不应有明显差异。"

故此说法正确。

356.根据《机动车运行安全技术条件》(GB 7258—2017),机动车照明和信号装置的任一条线路出现故障,不应干扰其他线路的正常工作。

正确答案:√

【试题解析】

《机动车运行安全技术条件》中8.3 照明和信号装置的一般要求下的8.3.4,根据机动车行驶安全特性,对机动车照明和信号装置作出了具体规定。

"8.3.4 机动车照明和信号装置的任一条线路出现故障,不应干扰其他线路的正常工作。"

故此说法正确。

357.根据《机动车运行安全技术条件》(GB 7258—2017),机动车驾驶区的仪表板应采用不反光的面板或护板,车内照明装置及其在风窗玻璃、视镜、仪表盘等处的反射光线不应使驾驶人眩目。

正确答案:√

【试题解析】

《机动车运行安全技术条件》中8.3 照明和信号装置的一般要求下的8.3.5,根据机动车行驶安全特性,对机动车照明装置作出了具体规定。

"8.3.5 驾驶区的仪表板应采用不反光的面板或护板,车内照明装置及其在风窗玻璃、视镜、仪表盘等处的反射光线不应使驾驶人眩目。"

故此说法正确。

358.根据《机动车运行安全技术条件》(GB 7258—2017),机动车仪表板上应设置仪表灯。仪表灯点亮时,应能照清仪表板上所有的仪表且不应眩目。

正确答案:√

【试题解析】

《机动车运行安全技术条件》中8.3 照明和信号装置的一般要求下的8.3.6,根据机动车行驶安全特性,对机动车照明和信号装置作出了具体规定。

"8.3.6 仪表板上应设置仪表灯。仪表灯点亮时,应能照清仪表板上所有的仪表且不应眩目。"

故此说法正确。

359.根据《机动车运行安全技术条件》(GB 7258—2017),无轨电车车门踏步和车门扶手以及人站在地面上能接触到的车门口周边的扶手,应和车体金属结构绝缘或用绝缘材料制成,使用1000V 兆欧表测量时绝缘电阻应大于等于 0.6MΩ,或在车门打开操作时实现整车高压电路系统与供电线网的断路互锁。

正确答案:√

【试题解析】

《机动车运行安全技术条件》中 8.6.11 无轨电车的特殊要求,根据无轨电车运行安全特性,对无轨电车的特殊要求作出了具体规定。

"8.6.11 无轨电车的特殊要求如下:

"……

"d)车门踏步和车门扶手以及人站在地面上能接触到的车门口周边的扶手,应和车体金属结构绝缘或用绝缘材料制成,使用 1000V 兆欧表测量时绝缘电阻应大于或等于 0.6MΩ,或在车门打开操作时实现整车高压电路系统与供电线网的断路互锁。

"……"

故此说法正确。

360.根据《机动车运行安全技术条件》(GB 7258—2017),无轨电车各车门均应设有与车身导电良好的接地链。车门处于开启状态时,接地链应与地面可靠接触。

正确答案:√

【试题解析】

《机动车运行安全技术条件》中 8.6.11 无轨电车的特殊要求,根据无轨电车运行安全特性,对无轨电车的特殊要求作出了具体规定。

"8.6.11 无轨电车的特殊要求如下:

"……

"e)各车门均应设有与车身导电良好的接地链。车门处于开启状态时,接地链应与地面可靠接触。

"……"

故此说法正确。

361.根据《机动车运行安全技术条件》(GB 7258—2017),无轨电车的集电头应具备防挂线网防护或挂线后的防护装置。

正确答案:√

【试题解析】

《机动车运行安全技术条件》中 8.6.11 无轨电车的特殊要求,根据无轨电车运行安全特性,对无轨电车的特殊要求作出了具体规定。

"8.6.11 无轨电车的特殊要求如下:

"……

"g)集电头应具备防挂线网防护或挂线后的防护装置。

"……"

故此说法正确。

362.根据《机动车运行安全技术条件》(GB 7258—2017),机动车所装用轮胎的速度级别不应高于该车最大设计车速的要求,但装用雪地轮胎时除外。

正确答案：×

【试题解析】

《机动车运行安全技术条件》中9.1轮胎下的9.1.1，根据机动车行驶安全特性，对机动车轮胎作出了具体规定。

"9.1.1 机动车所装用轮胎的速度级别不应低于该车最大设计车速的要求，但装用雪地轮胎时除外……"

故此说法错误。

363.根据《机动车运行安全技术条件》(GB 7258—2017)，机动车轮胎螺母和半轴螺母应完整齐全，并应按规定力矩紧固。

正确答案：√

【试题解析】

《机动车运行安全技术条件》中9.2车轮总成下的9.2.1，根据机动车行驶安全特性，对机动车车轮总成作出了具体规定。

"9.2.1 轮胎螺母和半轴螺母应完整齐全，并应按规定力矩紧固……"

故此说法正确。

364.根据《机动车运行安全技术条件》(GB 7258—2017)，机动车的车架不应有裂纹及变形、锈蚀，螺栓和铆钉不应缺少或松动。

正确答案：√

【试题解析】

《机动车运行安全技术条件》中9.5其他要求下的9.5.1，根据机动车行驶安全特性，对机动车车架作出了具体规定。

"9.5.1 车架不应有裂纹及变形、锈蚀，螺栓和铆钉不应缺少或松动。"

故此说法正确。

365.根据《机动车运行安全技术条件》(GB 7258—2017)，机动车的车桥与悬架之间的各种拉杆和导杆不应变形，各接头和衬套不应松旷或移位。

正确答案：√

【试题解析】

《机动车运行安全技术条件》中9.5其他要求下的9.5.3，根据机动车行驶安全特性，对机动车车桥、悬架及相关部件作出了具体规定。

"9.5.3 机动车的车桥与悬架之间的各种拉杆和导杆不应变形，各接头和衬套不应松旷或移位。"

故此说法正确。

366.根据《机动车运行安全技术条件》(GB 7258—2017)，机动车的离合器应接合平稳，分离彻底，工作时不应有异响、抖动或不正常打滑等现象。

正确答案：√

【试题解析】

《机动车运行安全技术条件》中 10.1 离合器下的 10.1.1，根据机动车行驶安全特性，对机动车离合器作出了具体规定。

"10.1.1　机动车的离合器应接合平稳，分离彻底，工作时不应有异响、抖动或不正常打滑等现象。"

故此说法正确。

367. 根据《机动车运行安全技术条件》(GB 7258—2017)，在换挡位置上应有驾驶人在驾驶座位上即可容易识别变速器和分动器挡位位置的标志。如换挡装置上难以布置，则应布置在换挡杆附近易见部位或仪表板上。

正确答案：√

【试题解析】

《机动车运行安全技术条件》中 10.2 变速器和分动器下的 10.2.2，根据机动车行驶安全特性，对机动车变速器和分动器作出了具体规定。

"10.2.2　在换挡位置上应有驾驶人在驾驶座位上即可容易识别变速器和分动器挡位位置的标志。如换挡装置上难以布置，则应布置在换挡杆附近易见部位或仪表板上。"

故此说法正确。

368. 根据《机动车运行安全技术条件》(GB 7258—2017)，机动车的传动轴在运转时不应发生振抖和异响，中间轴承和万向节不应有裂纹和/或松旷现象。

正确答案：√

【试题解析】

《机动车运行安全技术条件》中 10.3，根据机动车行驶安全特性，对机动车传动轴作出了具体规定。

"10.3　传动轴在运转时不应发生振抖和异响，中间轴承和万向节不应有裂纹和/或松旷现象……"

故此说法正确。

369. 根据《机动车运行安全技术条件》(GB 7258—2017)，机动车的发动机前置后驱动的客车的传动轴在车厢底板的下面沿纵向布置时，应有防止传动轴滑动连接(花键或其他类似装置)脱落或断裂等故障而引起危险的防护装置。

正确答案：√

【试题解析】

《机动车运行安全技术条件》中 10.3，根据机动车行驶安全特性，对机动车传动轴作出了具体规定。

"10.3　……发动机前置后驱动的客车的传动轴在车厢底板的下面沿纵向布置时，应有防止传动轴滑动连接(花键或其他类似装置)脱落或断裂等故障而引起危险的防护装置。"

故此说法正确。

370. 根据《机动车运行安全技术条件》(GB 7258—2017),机动车车身的技术状况应能保证驾驶人有正常的工作条件和客货安全,其外部可产生明显的镜面反光。

正确答案:×

【试题解析】

《机动车运行安全技术条件》中11.1基本要求下的11.1.1,根据机动车行驶安全特性,对机动车车身作出了具体规定。

"11.1.1 机动车车身的技术状况应能保证驾驶人有正常的工作条件和客货安全,其外部不应产生明显的镜面反光(局部区域域使用镀铬、不锈钢装饰件的除外)。"

故此说法错误。

371. 根据《机动车运行安全技术条件》(GB 7258—2017),机动车的车身和驾驶室应坚固耐用,覆盖件无开裂和锈蚀。车身和驾驶室在车架上的安装应牢固,不会因机动车振动而引起松动。

正确答案:√

【试题解析】

《机动车运行安全技术条件》中11.1基本要求下的11.1.3,根据机动车行驶安全特性,对机动车车身作出了具体规定。

"11.1.3 机动车的车身和驾驶室应坚固耐用,覆盖件无开裂。车身和驾驶室在车架上的安装应牢固,不会因机动车振动而引起松动。"

故此说法正确。

372. 根据《机动车运行安全技术条件》(GB 7258—2017),机动车的车身外部和内部乘员可能触及的任何部件、构件都不应有任何可能使人致伤的尖锐凸起物(如尖角、锐边等)。

正确答案:√

【试题解析】

《机动车运行安全技术条件》中11.1基本要求下的11.1.4,根据机动车行驶安全特性,对机动车车身作出了具体规定。

"11.1.4 机动车的车身外部和内部乘员可能触及的任何部件、构件都不应有任何可能使人致伤的尖锐凸起物(如尖角、锐边等)。"

故此说法正确。

373. 根据《机动车运行安全技术条件》(GB 7258—2017),客车车身及地板应符合并有足够强度。

正确答案:√

【试题解析】

《机动车运行安全技术条件》中11.2客车的特殊要求下的11.2.2,根据客车行驶安全特性,对客车的特殊要求作出了具体规定。

"11.2.2 客车车身及地板应符合并有足够强度。"

故此说法正确。

374. 根据《机动车运行安全技术条件》(GB 7258—2017),车门和车窗应启闭轻便,不得有手动开启现象,门锁应牢固可靠。门窗应密封良好,无漏水现象。

正确答案:×

【试题解析】

《机动车运行安全技术条件》中11.5 车门和车窗下的11.5.1,根据机动车行驶安全特性,对机动车车门和车窗作出了具体规定。

"11.5.1 车门和车窗应启闭轻便,不得有自动开启现象,门锁应牢固可靠。门窗应密封良好,无漏水现象。"

故此说法错误。

375. 根据《机动车运行安全技术条件》(GB 7258—2017),客车除驾驶人门和应急门外,不应在车身左侧开设车门。但对只在沿道路中央车道设置的公共汽车专用道上运营使用的公共汽车,由于公交站台位置的原因须在车身左侧上下乘客时,允许在车身左侧开设乘客门。

正确答案:√

【试题解析】

《机动车运行安全技术条件》中11.5 车门和车窗下的11.5.3,根据机动车行驶安全特性,对机动车车门和车窗作出了具体规定。

"11.5.3 客车除驾驶人门和应急门外,不应在车身左侧开设车门。但对只在沿道路中央车道设置的公共汽车专用道上运营使用的公共汽车,由于公交站台位置的原因须在车身左侧上下乘客时,允许在车身左侧开设乘客门;此类公共汽车不应在车身右侧开设乘客门……"

故此说法正确。

376. 根据《机动车运行安全技术条件》(GB 7258—2017),当客车静止时,乘客门应易于从车内开启。在正常使用情况下,乘客门向车内开启时,其结构应保证开启运动不致伤害乘客,必要时应装有适当的防护装置;对车长大于或等于6m的客车,紧急情况下,乘客门不能从车外开启。

正确答案:×

【试题解析】

《机动车运行安全技术条件》中11.5 车门和车窗下的11.5.4,根据机动车行驶安全特性,对机动车车门和车窗作出了具体规定。

"11.5.4 当客车静止时,乘客门应易于从车内开启。在正常使用情况下,乘客门向车内开启时,其结构应保证开启运动不致伤害乘客,必要时应装有适当的防护装置;对车长大于或等于6m的客车,紧急情况下,乘客门还应能从车外开启。"

故此说法错误。

377. 根据《机动车运行安全技术条件》(GB 7258—2017),客车采用动力开启的乘客门,在有故障或意外的情况下,仍应能通过车门应急控制器简便地从车内打开;车门应急控制器应能让临近车门的乘客容易看见并清楚识别,并应有醒目的标志和使用方法;对公共汽车及车长大于等于6m的其他客车,还应在驾驶人座位附近驾驶人易于操作部位设置乘客门应急开关。

正确答案:√

【试题解析】

《机动车运行安全技术条件》中11.5 车门和车窗下的11.5.5,根据机动车行驶安全特性,对机动车车门和车窗作出了具体规定。

"11.5.5 客车采用动力开启的乘客门,在有故障或意外的情况下,仍应能通过车门应急控制器简便地从车内打开;车门应急控制器应能让临近车门的乘客容易看见并清楚识别,并应有醒目的标志和使用方法;对公共汽车及车长大于等于6m的其他客车,还应在驾驶人座位附近驾驶人易于操作部位设置乘客门应急开关。"

故此说法正确。

378.根据《机动车运行安全技术条件》(GB 7258—2017),驾驶人座椅应具有足够的强度和刚度,固定可靠,汽车(三轮汽车除外)驾驶人座椅的前后位置应可以调整。驾驶区各操作机件应布置合理,操作方便。

正确答案:√

【试题解析】

《机动车运行安全技术条件》中11.6 座椅(卧铺)下的11.6.1,根据机动车行驶安全特性,对机动车座椅作出了具体规定。

"11.6.1 客驾驶人座椅应具有足够的强度和刚度,固定可靠,汽车(三轮汽车除外)驾驶人座椅的前后位置应可以调整。驾驶区各操作机件应布置合理,操作方便。"

故此说法正确。

379.根据《机动车运行安全技术条件》(GB 7258—2017),客车所有乘员座椅及其布置应能保证就座乘客的乘坐空间。

正确答案:√

【试题解析】

《机动车运行安全技术条件》中11.6 座椅(卧铺)下的11.6.2,根据机动车行驶安全特性,对机动车座椅作出了具体规定。

"11.6.2 所有乘员座椅及其布置应能保证就座乘客的乘坐空间……"

故此说法正确。

380.根据《机动车运行安全技术条件》(GB 7258—2017),载客汽车的乘员座椅应符合相关规定,布置合理,无特殊要求时应尽量均匀分布,不应由于座椅的集中布置而形成与车辆设计功能不相适应的、明显过大的行李区(但行李区与乘客区用隔板或隔栅有效隔离的除外)。

正确答案：√

【试题解析】

《机动车运行安全技术条件》中11.6座椅(卧铺)下的11.6.2，根据机动车行驶安全特性，对机动车座椅作出了具体规定。

"11.6.2 ……载客汽车的乘员座椅应符合相关规定，布置合理，无特殊要求时应尽量均匀分布，不应由于座椅的集中布置而形成与车辆设计功能不相适应的、明显过大的行李区(但行李区与乘客区用隔板或隔栅有效隔离的除外)……"

故此说法正确。

381. 根据《机动车运行安全技术条件》(GB 7258—2017)，机动车发动机舱或其他热源(如缓速器或车内采暖装置，但不包括热水循环装置)与车辆其他部分之间应安装隔热材料，用于连接隔热材料的固定夹、垫圈等也应防火。对设有乘客站立区的客车和发动机后置的其他客车，其发动机舱使用的隔音、隔热材料应达到GB 8410的A级的要求。

正确答案：√

【试题解析】

《机动车运行安全技术条件》中11.7内饰材料和隔音、隔热材料下的11.7.2，根据机动车行驶安全特性，对机动车发动机舱或其他热源(如缓速器或车内采暖装置，但不包括热水循环装置)与车辆其他部分之间安装的隔热材料作出了具体规定。

"11.7.2 发动机舱或其他热源(如缓速器或车内采暖装置，但不包括热水循环装置)与车辆其他部分之间应安装隔热材料，用于连接隔热材料的固定夹、垫圈等也应防火。对设有乘客站立区的客车和发动机后置的其他客车，其发动机舱使用的隔音、隔热材料应达到GB 8410的A级的要求。"

故此说法正确。

382. 根据《机动车运行安全技术条件》(GB 7258—2017)，机动车应设置能满足号牌安装要求的号牌板(架)；前号牌板(架)(摩托车除外)应设于前面的中部或右侧(按机动车前进方向)，后号牌板(架)应设于后面的中部或右侧。

正确答案：×

【试题解析】

《机动车运行安全技术条件》中11.8号牌板(架)下的11.8.1，根据机动车行驶安全特性，对机动车号牌板(架)作出了具体规定。

"11.8.1 机动车应设置能满足号牌安装要求的号牌板(架)；前号牌板(架)(摩托车除外)应设于前面的中部或右侧(按机动车前进方向)，后号牌板(架)应设于后面的中部或左侧。"

故此说法错误。

383. 根据《机动车运行安全技术条件》(GB 7258—2017)，乘用车、旅游客车、未设置乘客站立区的客车、货车(三轮汽车除外)、专项作业车的所有座椅，设有乘客站立区的客车的驾驶人座椅和前排乘员座椅均应装置汽车安全带。

正确答案：√

【试题解析】

《机动车运行安全技术条件》中 12.1 汽车安全带下的 12.1.1，根据机动车行驶安全特性，对机动车安全带作出了具体规定。

"12.1.1　乘用车、旅游客车、未设置乘客站立区的客车、货车（三轮汽车除外）、专项作业车的所有座椅，设有乘客站立区的客车的驾驶人座椅和前排乘员座椅均应装置汽车安全带。"

故此说法正确。

384. 根据《机动车运行安全技术条件》（GB 7258—2017），除三轮汽车外，所有驾驶人座椅、乘用车的所有成员座椅（设计和制造上具有行动不便乘客乘坐设施的乘用车设置的后向座椅除外）、总质量小于或等于 3500kg 的其他汽车的所有外侧座椅、其他汽车（设有乘客站立区的客车除外）的前排外侧乘员座椅，装备的汽车安全带均应为三点式（或全背带式）汽车安全带。

正确答案：√

【试题解析】

《机动车运行安全技术条件》中 12.1 汽车安全带下的 12.1.2，根据机动车行驶安全特性，对机动车安全带作出了具体规定。

"12.1.2　除三轮汽车外，所有驾驶人座椅、乘用车的所有成员座椅（设计和制造上具有行动不便乘客乘坐设施的乘用车设置的后向座椅除外）、总质量小于或等于 3500kg 的其他汽车的所有外侧座椅、其他汽车（设有乘客站立区的客车除外）的前排外侧乘员座椅，装备的汽车安全带均应为三点式（或全背带式）汽车安全带。"

故此说法正确。

385. 根据《机动车运行安全技术条件》（GB 7258—2017），汽车安全带应可靠有效，安装位置应合理，固定点应有足够的强度。

正确答案：√

【试题解析】

《机动车运行安全技术条件》中 12.1 汽车安全带下的 12.1.4，根据机动车行驶安全特性，对机动车安全带作出了具体规定。

"12.1.4　汽车安全带应可靠有效，安装位置应合理，固定点应有足够的强度……"

故此说法正确。

386. 根据《机动车运行安全技术条件》（GB 7258—2017），汽车应急门应有锁止机构且锁止可靠。应急门关闭时应能锁止，且在车辆正常行驶情况下不会因车辆振动、颠簸、冲撞而自行开启。

正确答案：√

【试题解析】

《机动车运行安全技术条件》中 12.4.2 应急门下的 12.4.2.4,根据机动车行驶安全特性,对机动车应急门作出了具体规定。

"12.4.2.4 汽车应急门应有锁止机构且锁止可靠。应急门关闭时应能锁止,且在车辆正常行驶情况下不会因车辆振动、颠簸、冲撞而自行开启。"

故此说法正确。

387. 根据《机动车运行安全技术条件》(GB 7258—2017),汽车安全顶窗应易于从车内、外开启或移开或用应急锤击碎。安全顶窗开启后,应保证从车内外进出的畅通。弹射式安全顶窗应能防止误操作。

正确答案:√

【试题解析】

《机动车运行安全技术条件》中 12.4.3 应急窗和撤离舱口下的 12.4.3.5,根据机动车行驶安全特性,对机动车应急窗和撤离舱口作出了具体规定。

"12.4.3.5 安全顶窗应易于从车内、外开启或移开或用应急锤击碎。安全顶窗开启后,应保证从车内外进出的畅通。弹射式安全顶窗应能防止误操作。"

故此说法正确。

388. 根据《机动车运行安全技术条件》(GB 7258—2017),纯电动汽车、插电式混合动力汽车应具有能切断动力电路的功能。

正确答案:√

【试题解析】

《机动车运行安全技术条件》中 12.13 纯电动车、插电式混合动力汽车的特殊要求下的 12.13.9,根据机动车行驶安全特性,对纯电动车、插电式混合动力汽车的特殊要求作出了具体规定。

"12.13.9 纯电动汽车、插电式混合动力汽车应具有能切断动力电路的功能。"

故此说法正确。

389. 根据《机动车运行安全技术条件》(GB 7258—2017),汽车驾驶室内应设置防止阳光直射而使驾驶人产生炫目的装置,且该装置在汽车碰撞时,不应对驾驶人造成伤害。

正确答案:√

【试题解析】

《机动车运行安全技术条件》中 12.15 其他要求下的 12.15.1,根据机动车行驶安全特性,对机动车驾驶室内的遮光装置作出了具体规定。

"12.15.1 汽车驾驶室内应设置防止阳光直射而使驾驶人产生眩目的装置,且该装置在汽车碰撞时,不应对驾驶人造成伤害。"

故此说法正确。

390. 根据《城市公共汽电车客运服务规范》(GB/T 22484—2016),公交车内地板、踏步、座椅、车内扶握设施应完整、牢靠。

正确答案:√

【试题解析】

《城市公共汽电车客运服务规范》中6.5服务设施下的6.5.4,根据城市公共汽电车运营安全要求,对城市公共汽电车服务设施作出了具体规定。

"6.5.4 地板、踏步、座椅、车内扶握设施应完整、牢靠。"

故此说法正确。

391.根据《城市公共汽电车客运服务规范》(GB/T 22484—2016),公交车辆车载服务终端、报站器、读卡机、投币箱(机)、电子显示屏、视频监视器、车内照明等设施应完好有效。

正确答案:√

【试题解析】

《城市公共汽电车客运服务规范》中6.5服务设施下的6.5.5,根据城市公共汽电车运营安全要求,对城市公共汽电车服务设施作出了具体规定。

"6.5.5 车载服务终端、报站器、读卡机、投币箱(机)、电子显示屏、视频监视器、车内照明等设施应完好有效。"

故此说法正确。

392.根据《城市公共汽电车客运服务规范》(GB/T 22484—2016),公交车无障碍设施应完好,安全可靠。

正确答案:√

【试题解析】

《城市公共汽电车客运服务规范》中6.5服务设施下的6.5.6,根据城市公共汽电车运营安全要求,对城市公共汽电车服务设施作出了具体规定。

"6.5.6 无障碍设施应完好,安全可靠。"

故此说法正确。

393.根据《城市公共汽电车客运服务规范》(GB/T 22484—2016),司乘人员应按规定提前上岗,检查服务设施。

正确答案:√

【试题解析】

《城市公共汽电车客运服务规范》中10车厢服务下的10.1,根据驾驶员、乘务员岗位操作规程,对城市公共汽电车司乘人员车厢服务作出了具体规定。

"10.1 司乘人员应按规定提前上岗,检查服务设施。"

故此说法正确。

394.根据《城市公共汽电车客运服务规范》(GB/T 22484—2016),开关门时应注意防止夹摔乘客,提示乘客刷卡、投币、购票。本车满员时,劝告留站乘客抓紧上车。

正确答案:×

【试题解析】

《城市公共汽电车客运服务规范》中 10 车厢服务下的 10.4，根据驾驶员、乘务员岗位操作规程，对城市公共汽电车司乘人员车厢服务作出了具体规定。

"10.4 开关门时应注意防止夹摔乘客，提示乘客刷卡、投币、购票。本车满员时，劝告留站乘客等候下一班车。"

故此说法错误。

395. 根据《城市公共汽电车客运服务规范》(GB/T 22484—2016)，公交司乘人员行车中不应与他人闲谈和使用手机。

正确答案：√

【试题解析】

《城市公共汽电车客运服务规范》中 12 运营安全下的 12.10，根据驾驶员、乘务员岗位操作规程，对城市公共汽电车司乘人员运营安全作出了具体规定。

"12.10 公交司乘人员行车中不应与他人闲谈和使用手机。"

故此说法正确。

396. 根据《城市公共汽电车客运服务规范》(GB/T 22484—2016)，公交站外非故障停车，可开门上下乘客。

正确答案：×

【试题解析】

《城市公共汽电车客运服务规范》中 12 运营安全下的 12.11，根据驾驶员、乘务员岗位操作规程，对城市公共汽电车司乘人员运营安全作出了具体规定。

"12.11 站外非故障停车，不得开门上下乘客。"

故此说法错误。

397. 根据《城市公共汽电车客运服务规范》(GB/T 22484—2016)，每一单程运营结束时，司乘人员应检查车内有无乘客遗留物品。

正确答案：√

【试题解析】

《城市公共汽电车客运服务规范》中 12 运营安全下的 12.16，根据驾驶员、乘务员岗位操作规程，对城市公共汽电车司乘人员运营安全作出了具体规定。

"12.16 每一单程运营结束时，司乘人员应检查车内有无乘客遗留物品。"

故此说法正确。

398. 根据《城市公共汽电车客运服务规范》(GB/T 22484—2016)，发生异响或异物时，驾驶员应靠路边停车检查，未发现明显问题后即可继续行车。

正确答案：×

【试题解析】

《城市公共汽电车客运服务规范》中 12 运营安全下的 12.9，根据驾驶员、乘务员岗位操作规程，对城市公共汽电车司乘人员运营安全作出了具体规定。

"12.9 发生异响或异物时,驾驶员应靠路边停车检查,在判明原因并排除故障前,不得继续行车。车辆发生故障时,立即靠路边停车,开启危险报警闪光灯,并在车后方设置警示标志。故障车被拖走时,应采取硬拖方式,同时开启危险报警闪光灯。"

故此说法错误。

399. 根据《城市公共汽电车客运服务规范》(GB/T 22484—2016),车辆发生故障时,立即靠路边停车,开启危险报警闪光灯,并在车后方向设置警示标志。

正确答案: √

【试题解析】

《城市公共汽电车客运服务规范》中 12 运营安全下的 12.9,根据驾驶员、乘务员岗位操作规程,对城市公共汽电车司乘人员运营安全作出了具体规定。

"12.9 发生异响或异物时,驾驶员应靠路边停车检查,在判明原因并排除故障前,不得继续行车。车辆发生故障时,立即靠路边停车,开启危险报警闪光灯,并在车后方设置警示标志。故障车被拖走时,应采取硬拖方式,同时开启危险报警闪光灯。"

故此说法正确。

400. 根据《城市公共汽电车应急处置基本操作规程》(JT/T 999—2015),城市公共汽电车企业应充分利用车辆监控等安全技术防范手段,决定对事态的判断。

正确答案: ×

【试题解析】

《城市公共汽电车应急处置基本操作规程》中 4 企业基本操作规程下的 4.5,根据城市公共汽电车应急处置基本操作规程,对城市公共汽电车企业基本操作规程作出了具体规定。

"4.5 应充分利用车辆监控等安全技术防范手段,辅助对事态的判断。"

故此说法错误。

401. 根据《城市公共汽电车突发事件应急预案编制规范》(JT/T 1018—2016),城市公共汽电车运营企业应急预案的内容应涵盖公共汽电车系统运营环境需求,应急预案编制应注重系统性和可操作性,并确保与相关应急预案相衔接。

正确答案: √

【试题解析】

《城市公共汽电车突发事件应急预案编制规范》中 5 应急预案编制基本要求下的 5.2,根据城市公共汽电车突发事件应急预案编制要求,对城市公共汽电车企业应急预案编制原则作出了具体规定。

"5.2 应急预案的内容应涵盖公共汽电车系统运营环境需求,应急预案编制应注重系统性和可操作性,并确保与相关应急预案相衔接。"

故此说法正确。

402. 根据《城市公共汽电车突发事件应急预案编制规范》(JT/T 1018—2016),城市公共汽电车运营企业现场处置工作方案主要包括应急工作职责、应急处置、物资装备储备等内容。

正确答案：√

【试题解析】

《城市公共汽电车突发事件应急预案编制规范》中7.3现场处置工作方案下的7.3.2,根据城市公共汽电车突发事件应急预案编制要求,对城市公共汽电车企业现场处置工作方案的主要内容作出了具体规定。

7.3.2 城市公共汽电车运营企业现场处置工作方案主要内容包括应急工作职责、应急处置、物资装备储备等内容。

故此说法正确。

403.根据《城市公共汽电车运营安全管理规范》(JT/T 1156—2017),城市公共汽电车运营安全管理应坚持"安全第一、预防为主、综合治理"的方针。

正确答案：√

【试题解析】

《城市公共汽电车运营安全管理规范》中4总体要求下的4.1,根据城市公共汽电车运营安全管理要求,对城市公共汽电车运营安全管理总体要求作出了具体规定。

"4.1 运营安全管理应坚持"安全第一、预防为主、综合治理"的方针。"

故此说法正确。

404.根据《城市公共汽电车运营安全管理规范》(JT/T 1156—2017),城市公共汽电车运营企业应设置与企业规模相适应且独立运营的安全管理机构,配备兼职运营安全管理人员。

正确答案：×

【试题解析】

《城市公共汽电车运营安全管理规范》中5基本内容下的5.1,根据城市公共汽电车运营安全管理要求,对城市公共汽电车运营安全管理基本内容作出了具体规定。

"5.1 设置与企业规模相适应且独立运营的安全管理机构,配备专职运营安全管理人员。"

故此说法错误。

405.根据《城市公共汽电车运营安全管理规范》(JT/T 1156—2017),城市公共汽电车运营企业应制定企业运营安全目标和规划,建立健全企业运营安全管理制度、规程、措施,并逐级落实到基层单位和个人。

正确答案：√

【试题解析】

《城市公共汽电车运营安全管理规范》中5基本内容下的5.2,根据城市公共汽电车运营安全管理要求,对城市公共汽电车运营安全管理基本内容作出了具体规定。

"5.2 制定企业运营安全目标和规划,建立健全企业运营安全管理制度、规程、措施,并逐级落实到基层单位和个人。"

故此说法正确。

406. 根据《城市公共汽电车运营安全管理规范》(JT/T 1156—2017),城市公共汽电车运营企业应及时投入满足法律法规要求的安全运营所需资金,确保专款专用,配备和完善运营安全必要的设施和条件。

正确答案:√

【试题解析】

《城市公共汽电车运营安全管理规范》中 5 基本内容下的 5.3,根据城市公共汽电车运营安全管理要求,对城市公共汽电车运营安全管理基本内容作出了具体规定。

"5.3 及时投入满足法律法规要求的安全运营所需资金,确保专款专用,配备和完善运营安全必要的设施和条件。"

故此说法正确。

407. 根据《城市公共汽电车运营安全管理规范》(JT/T 1156—2017),城市公共汽电车运营企业应建立突发事件应急管理工作机制,落实应急物资、装备和人员。

正确答案:√

【试题解析】

《城市公共汽电车运营安全管理规范》中 5 基本内容下的 5.7,根据城市公共汽电车运营安全管理要求,对城市公共汽电车运营安全管理基本内容作出了具体规定。

"5.7 建立突发事件应急管理工作机制,落实应急物资、装备和人员。"

故此说法正确。

408. 根据《城市公共汽电车运营安全管理规范》(JT/T 1156—2017),运营企业应召开季度安全例会,分析运营安全形势,解决城市公共汽电车运营服务中的安全问题。

正确答案:×

【试题解析】

《城市公共汽电车运营安全管理规范》中 5 基本内容下的 5.9,根据城市公共汽电车运营安全管理要求,对城市公共汽电车运营安全管理基本内容作出了具体规定。

"5.9 召开月度安全例会,分析运营安全形势,解决城市公共汽电车运营服务中的安全问题。"

故此说法错误。

409. 根据《城市公共汽电车运营安全管理规范》(JT/T 1156—2017),运营车辆的安全出口通道应畅通,应急门、应急顶窗开启装置应有效、开启顺畅,对于车辆重点位置宜覆盖视频监控。

正确答案:√

【试题解析】

《城市公共汽电车运营安全管理规范》中 7 车辆安全管理下的 7.3,根据城市公共汽电车运营安全管理要求,对城市公共汽电车运营车辆安全管理作出了具体规定。

"7.3 运营车辆的安全出口通道应畅通,应急门、应急顶窗开启装置应有效、开启顺畅,对于车辆重点位置宜覆盖视频监控。"

故此说法正确。

410. 根据《城市公共汽电车运营安全管理规范》(JT/T 1156—2017),运营企业应绘制线路安全行车示意图,标明事故多发路段。

正确答案:√

【试题解析】

《城市公共汽电车运营安全管理规范》中8线路场站安全管理下的8.1,根据城市公共汽电车运营安全管理要求,对城市公共汽电车运营线路场站安全管理作出了具体规定。

"8.1 应绘制线路安全行车示意图,标明事故多发路段。"

故此说法正确。

411. 根据《交通运输企业安全生产标准化建设基本规范 第14部分:城市公共汽电车客运企业》(JTT 1180.14—2018),城市公共汽电车企业应制定并落实车辆每日例检制度,驾驶员每日出车前应按GB/T 22484规定进行车辆例行检查,确认车辆性能完好,符合运营安全要求方可投入运营。

正确答案:√

【试题解析】

《交通运输企业安全生产标准化建设基本规范 第14部分:城市公共汽电车客运企业》中6.1.1车辆下的6.1.1.8,根据城市公共汽电车客运企业安全生产标准化建设要求,对城市公共汽电车企业运营车辆作出了具体规定。

"6.1.1.8 企业应制定并落实车辆每日例检制度,驾驶员每日出车前应按GB/T 22484规定进行车辆例行检查,确认车辆性能完好,符合运营安全要求方可投入运营。"

故此说法正确。

412. 根据《交通运输企业安全生产标准化建设基本规范 第14部分:城市公共汽电车客运企业》(JTT 1180.14—2018),企业应指定专人负责安全设施及器材的管理,且管理规范,账、物相符完好有效。

正确答案:√

【试题解析】

《交通运输企业安全生产标准化建设基本规范 第14部分:城市公共汽电车客运企业》中6.1.3安全设施下的6.1.3.1,根据城市公共汽电车客运企业安全生产标准化建设要求,对城市公共汽电车企业安全设施作出了具体规定。

"6.1.3.1 企业应指定专人负责安全设施及器材的管理,且管理规范,账、物相符完好有效。"

故此说法正确。

413. 根据《交通运输企业安全生产标准化建设基本规范 第14部分:城市公共汽电车客运企业》(JTT 1180.14—2018),车辆安全生产设施设备应齐全、完好,没有随意改动。应按照 GB/T 888 的规定配备灭火器。

正确答案:√

【试题解析】

《交通运输企业安全生产标准化建设基本规范 第 14 部分:城市公共汽电车客运企业》中 6.1.3 安全设施下的 6.1.3.2,根据城市公共汽电车客运企业安全生产标准化建设要求,对城市公共汽电车企业安全设施作出了具体规定。

"6.1.3.2 车辆安全生产设施设备应齐全、完好,没有随意改动。应按照 GB/T 888 的规定配备灭火器、安全锤、三角木、警示牌、车门紧急开启装置、逃生天窗等,必要时配备防滑链等安全设备。"

故此说法正确。

414. 根据《交通运输企业安全生产标准化建设基本规范 第 14 部分:城市公共汽电车客运企业》(JTT 1180.14—2018),城市公共汽电车企业应在停车场、加油(气)站、充电站、易燃易爆品存放处、调度指挥中心、票款清点中心等安全重点部位设有视频监控设备,并定期进行监控。

正确答案:×

【试题解析】

《交通运输企业安全生产标准化建设基本规范 第 14 部分:城市公共汽电车客运企业》中 6.1.3 安全设施下的 6.1.3.3,根据城市公共汽电车客运企业安全生产标准化建设要求,对城市公共汽电车企业安全设施作出了具体规定。

"6.1.3.3 企业应在停车场、加油(气)站、充电站、易燃易爆品存放处、调度指挥中心、票款清点中心等安全重点部位设有视频监控设备,并保持实时监控。"

故此说法错误。

415. 根据《交通运输企业安全生产标准化建设基本规范 第 14 部分:城市公共汽电车客运企业》(JTT 1180.14—2018),企业应指定专人对天然气气瓶、压力表、减压阀等压力设备和其他特种设备进行管理。建立规范的特种设备台账。

正确答案:√

【试题解析】

《交通运输企业安全生产标准化建设基本规范 第 14 部分:城市公共汽电车客运企业》中 6.1.4 特种设备下的 6.1.4.1,根据城市公共汽电车客运企业安全生产标准化建设要求,对城市公共汽电车企业特种设备作出了具体规定。

"6.1.4.1 企业应指定专人对天然气气瓶、压力表、减压阀等压力设备和其他特种设备进行管理。建立规范的特种设备台账。"

故此说法正确。

416. 根据《交通运输企业安全生产标准化建设基本规范 第 14 部分:城市公共汽电车客运企业》(JTT 1180.14—2018),企业应对驾驶员驾驶经历、身体状况、心理素质、事故情况等进行排查,加强重点人员的管理、培训和教育。

正确答案:√

【试题解析】

《交通运输企业安全生产标准化建设基本规范 第14部分:城市公共汽电车客运企业》中6.2.2驾驶员管理下的6.2.2.5,根据城市公共汽电车客运企业安全生产标准化建设要求,对城市公共汽电车企业驾驶员作出了具体规定。

"6.2.2.5 企业应对驾驶员驾驶经历、身体状况、心理素质、事故情况等进行排查,加强重点人员的管理、培训和教育。"

故此说法正确。

417. 根据《交通运输企业安全生产标准化建设基本规范 第14部分:城市公共汽电车客运企业》(JT/T 1180.14—2018),企业应制定并落实安全生产值班制度和值班计划,以及领导带班制度,应做好值班记录。

正确答案:√

【试题解析】

《交通运输企业安全生产标准化建设基本规范 第14部分:城市公共汽电车客运企业》中6.2作业安全下的6.2.3,根据城市公共汽电车客运企业安全生产标准化建设要求,对城市公共汽电车企业安全值班作出了具体规定。

"6.2.3 企业应制定并落实安全生产值班制度和值班计划,以及领导带班制度,应做好值班记录。"

故此说法正确。

418. 根据《交通运输企业安全生产标准化建设基本规范 第14部分:城市公共汽电车客运企业》(JT/T 1180.14—2018),车辆应配置车载视频监控系统,并保持实时监控。

正确答案:√

【试题解析】

《交通运输企业安全生产标准化建设基本规范 第14部分:城市公共汽电车客运企业》中6.1.3安全设施下的6.1.3.4,根据城市公共汽电车客运企业安全生产标准化建设要求,对城市公共汽电车企业安全设施作出了具体规定。

"6.1.3.4 车辆应配置车载视频监控系统,并保持实时监控。"

故此说法正确。

419. 根据《城市公共汽电车车辆专用安全设施技术要求》(JT/T 1240—2019),在驾驶区应安装一键紧急报警装置,一旦发生危险或者紧急情况,驾驶员可触发紧急报警装置,实现与监控中心联动。有条件的可在车辆前后电子路牌显示求救或警示信号。

正确答案:√

【试题解析】

《城市公共汽电车车辆专用安全设施技术要求》中4一般要求下的4.4,根据城市公共汽电车车辆专用安全设施要求,对城市公共汽电车车辆一般要求作出了具体规定。

"4.4 在驾驶区应安装一键紧急报警装置,一旦发生危险或者紧急情况,驾驶员可触发紧急报警装置,实现与监控中心联动。有条件的可在车辆前后电子路牌显示求救或警示信号。"

故此说法正确。

420. 根据《城市公共汽电车车辆专用安全设施技术要求》(JT/T 1240—2019),宜在驾驶员座位附近,易于驾驶员操作部位设置驾驶员位应急控制器。在紧急情况下,当车辆静止或小于或等于5km/h的速度运行时,操作该应急控制器可同时开启所有乘客门。打开后,保持门处于开启状态。

正确答案: √

【试题解析】

《城市公共汽电车车辆专用安全设施技术要求》中 5 乘客门控制系统下的 5.3,根据城市公共汽电车车辆专用安全设施要求,对城市公共汽电车车辆乘客门控制系统作出了具体规定。

"5.3 宜在驾驶员座位附近,易于驾驶员操作部位设置驾驶员位应急控制器。在紧急情况下,当车辆静止或小于或等于5km/h的速度运行时,操作该应急控制器可同时开启所有乘客门。打开后,保持门处于开启状态。"

故此说法正确。

421. 根据《城市公共汽电车车辆专用安全设施技术要求》(JT/T 1240—2019),击碎玻璃式应急窗应配备应急锤,可选装自动破窗装置。

正确答案: √

【试题解析】

《城市公共汽电车车辆专用安全设施技术要求》中 7 破窗装置下的 7.1,根据城市公共汽电车车辆专用安全设施要求,对城市公共汽电车车辆破窗装置作出了具体规定。

"7.1 击碎玻璃式应急窗应配备应急锤,可选装自动破窗装置。"

故此说法正确。

422. 根据《城市公共汽电车车辆专用安全设施技术要求》(JT/T 1240—2019),防护隔离设施后围或其他醒目位置上应设置"影响公交车驾驶员安全驾驶 涉嫌违法犯罪"等标识,标识位置不应影响驾驶员正常观测。宜利用车载媒体播放视频、语音等方式,提醒乘客遵守规则、文明乘车。

正确答案: √

【试题解析】

《城市公共汽电车车辆专用安全设施技术要求》中 8 驾驶区防护隔离设施下的 8.9,根据城市公共汽电车车辆专用安全设施要求,对城市公共汽电车车辆驾驶区防护隔离设施作出了具体规定。

"8.9 防护隔离设施后围或其他醒目位置上应设置"影响公交车驾驶员安全驾驶 涉嫌违法犯罪"等标识……标识位置不应影响驾驶员正常观测。宜利用车载媒体播放视频、语音等方式,提醒乘客遵守规则、文明乘车。"

故此说法正确。

423. 根据《城市公共汽电车车辆专用安全设施技术要求》(JT/T 1240—2019),车厢内应配置手提式灭火器,其规格、数量和安装位置应符合 GB 34655 的规定,填充的灭火剂应符合 GB 4066.2 的规定。

正确答案:√

【试题解析】

《城市公共汽电车车辆专用安全设施技术要求》中 9 车用灭火装置下的 9.5,根据城市公共汽电车专用安全设施要求,对城市公共汽电车车用灭火装置作出了具体规定。

"9.5 车厢内应配置手提式灭火器,其规格、数量和安装位置应符合 GB 34655 的规定,填充的灭火剂应符合 GB 4066.2 的规定。"

故此说法正确。

424. 根据《城市公共汽电车车辆专用安全设施技术要求》(JT/T 1240—2019),车厢内宜安装易燃挥发物监测报警装置。

正确答案:√

【试题解析】

《城市公共汽电车车辆专用安全设施技术要求》中 12 易燃挥发物监测报警装置下的 12.1,根据城市公共汽电车车辆专用安全设施要求,对城市公共汽电车车辆易燃挥发物监测报警装置作出了具体规定。

"12.1 车厢内宜安装易燃挥发物监测报警装置。"

故此说法正确。

425. 根据《城市公共汽电车车辆专用安全设施技术要求》(JT/T 1240—2019),易燃挥发物监测报警装置报警器应安装在仪表台附近或组合安装在仪表台内。

正确答案:√

【试题解析】

《城市公共汽电车车辆专用安全设施技术要求》中 12 易燃挥发物监测报警装置下的 12.3,根据城市公共汽电车车辆专用安全设施要求,对城市公共汽电车车辆易燃挥发物监测报警装置作出了具体规定。

"12.3 易燃挥发物监测报警装置报警器应安装在仪表台附近或组合安装在仪表台内。"

故此说法正确。

426. 根据《城市公共设施 电动汽车充换电设施运营管理服务规范》(GB/T 37293—2019),企业应建立健全充换电设施管理制度,包括运行监控、巡视检查、维修养护、缺陷管理、器具备件管理等内容。

正确答案:√

【试题解析】

《城市公共设施 电动汽车充换电设施运营管理服务规范》中7.1制度管理下的7.1.3,根据运营电动汽车安全与应急管理要求,对电动汽车充换电设施运营制度管理作出了具体规定。

"7.1.3 应建立健全充换电设施管理制度,包括运行监控、巡视检查、维修养护、缺陷管理、器具备件管理等内容。"

故此说法正确。

427.根据《城市公共设施 电动汽车充换电设施运营管理服务规范》(GB/T 37293—2019),设施管理应包括充换电系统、供电系统、监控系统和消防设施等。电池更换站还应对换电设施、电池存储设施及动力电池进行管理。

正确答案:√

【试题解析】

《城市公共设施 电动汽车充换电设施运营管理服务规范》中7.2设施管理下的7.2.1,根据运营电动汽车充换电设施管理要求,对电动汽车充换电设施管理作出了具体规定。

"7.2.1 设施管理应包括充换电系统、供电系统、监控系统和消防设施等。电池更换站还应对换电设施、电池存储设施及动力电池进行管理。"

故此说法正确。

428.根据《城市公共设施 电动汽车充换电设施运营管理服务规范》(GB/T 37293—2019),分散充电设施的设备维护人员应掌握本岗位的操作规程,应对设备进行不定期巡检,及时上报、处理发现的故障并记录,保证设备运行状态正常。

正确答案:×

【试题解析】

《城市公共设施 电动汽车充换电设施运营管理服务规范》中7.3人员管理下的7.3.10,根据运营电动汽车安全与应急管理要求,对电动汽车充换电设施运营人员管理作出了具体规定。

"7.3.10 分散充电设施的设备维护人员应掌握本岗位的操作规程,应对设备进行定期巡检,及时上报、处理发现的故障并记录,保证设备运行状态正常。"

故此说法错误。

429.根据《城市公共设施 电动汽车充换电设施运营管理服务规范》(GB/T 37293—2019),企业应对运营管理、服务进行记录,记录应包括但不限于:充换电记录、运行日志、用户交易记录、账单记录、设备及电池检修维护记录、巡查记录、交接班记录及客户投诉处理记录等。记录应及时、准确、真实、齐全完整。

正确答案:√

【试题解析】

《城市公共设施 电动汽车充换电设施运营管理服务规范》中7.5记录管理下的7.5.1,根据运营电动汽车安全与应急管理要求,对电动汽车充换电设施运营记录管理作出了具体规定。

"7.5.1 应对运营管理、服务进行记录,记录应包括但不限于:充换电记录、运行日志、用户交易记录、账单记录、设备及电池检修维护记录、巡查记录、交接班记录及客户投诉处理记录等。记录应及时、准确、真实、齐全完整。"

故此说法正确。

430. 根据《城市公共设施 电动汽车充换电设施运营管理服务规范》(GB/T 37293—2019),企业应建立符合法律法规和标准规定的消防安全管理制度。

正确答案:√

【试题解析】

《城市公共设施 电动汽车充换电设施运营管理服务规范》中7.6.2消防安全下的7.6.2.1,根据运营电动汽车安全与应急管理要求,对电动汽车充换电设施运营消防安全作出了具体规定。

"7.6.2.1 应建立符合法律法规和标准规定的消防安全管理制度。"

故此说法正确。

四、案例题

431. 14点35分,某市一辆公交车与其他车辆碰撞,发生交通事故,事故造成2人死亡、5人受伤。事故调查发现,该事故系因公交车驾驶员张某突发晕厥疾病,导致车辆失控引发安全事故,排除了驾驶员酒驾、毒驾和其他人为因素。该公交企业已3年未对驾驶员进行体检,对该驾驶员的身体状况不了解。

依据案例内容,下列说法错误的有( )。

  A. 按照生产安全事故分类标准,该起事故属于一起重大事故

  B. 该公交企业应及时掌握驾驶员身体健康状况

  C. 驾驶员每日上车前应开展适岗状况检查

  D. 该驾驶员存在疲劳驾驶行为

  E. 该事故公交企业主要负责人不应负相关责任

正确答案:ADE

【试题解析】

A选项错误,该事故造成2人死亡5人受伤。《生产安全事故报告和调查处理条例》规定,重大事故是指造成10人以上30人以下死亡,或者50人以上100人以下重伤,或者5000万元以上1亿元以下直接经济损失的事故。

B选项正确,该事故系因驾驶员突发晕厥疾病,因此,企业应及时掌握驾驶员身体健康状况,避免这种情况再次出现。

C 选项正确,企业对该驾驶员的身体状况不了解,说明每日上岗前的适岗状况检查存在欠缺。

D 选项错误,案例中未提及驾驶员有疲劳驾驶的因素。

E 选项错误,依据《安全生产法》,生产经营单位的主要负责人是本单位安全生产第一责任人。因此,该企业发生任何一起生产安全事故,主要负责人都应负相关责任。

故本题选 ADE。

432. 一辆公交车在某市城市道路行驶过程中,车辆突然失控,与在路口等信号灯的 6 辆小客车、2 辆非机动车发生碰撞,造成 2 名非机动车骑行人受伤。事故发生后,2 名事故伤者及公交车驾驶员已被及时送往医院治疗,均无生命危险。事故调查发现,该公交车发生事故时速度为 20km/h,因转向机构发生故障,导致转向盘突然失控,肇事车辆已超报废期 1 年,因企业运营车辆紧张,至发生事故尚未进行报废处理,也未及时进行安全技术检测,驾驶员 1 年未参加企业组织的安全生产教育培训。

依据案例内容,下列说法正确的有(　　)。

  A. 该公交车存在超速行为

  B. 按照生产安全事故分类标准,该起事故属于一起一般事故

  C. 运营企业应加强驾驶员安全教育培训管理

  D. 运营企业应执行车辆强制报废制度,对临近报废的车辆应加强技术监管,及时处理车辆存在的安全隐患

  E. 安全生产是企业的主体责任,该公交企业应承担一定责任

正确答案:BCDE

【试题解析】

A 选项错误,该公交车发生事故时速度为 20km/h,不存在超速行为。

B 选项正确,该事故造成 2 名非机动车骑行人受伤。《生产安全事故报告和调查处理条例》规定,一般事故是指造成 3 人以下死亡,或者 10 人以下重伤,或者 1000 万元以下直接经济损失的事故。

C 选项正确,案例中驾驶员 1 年未参加企业组织的安全生产教育培训,因此,应加强驾驶员安全教育培训管理。

D 选项正确,案例中提到车辆已超报废期 1 年,因此,企业应执行车辆强制报废制度,对临近报废的车辆应加强技术监管,及时处理车辆存在的安全隐患。

E 选项正确,依据《城市公共汽车和电车客运管理规定》,运营企业是城市公共汽电车客运安全生产的责任主体。

故本题选 BCDE。

433. 7 月 20 日 16 时 54 分许,张某驾驶一辆公交车由北向南行驶至某港湾式停靠站时,直接驶入站台,造成 1 名候车人受伤、站台损坏。事故调查发现,驾驶员张某存在转向操作和制动不及时问题。

依据案例内容,下列说法正确的有(　　)。

A. 按照生产安全事故分类标准,该起事故属于一起一般事故
B. 运营企业应加强驾驶员安全驾驶技能培训
C. 候车人应承担全部责任
D. 候车人应承担一定责任
E. 该事故公交企业安全生产管理人员应承担一定责任

正确答案:ABE

【试题解析】

A 选项正确,该事故造成 1 名候车人受伤。《生产安全事故报告和调查处理条例》规定,一般事故是指造成 3 人以下死亡,或者 10 人以下重伤,或者 1000 万元以下直接经济损失的事故。

B 选项正确,案例中提到驾驶员张某存在转向操作和制动不及时问题。因此,应加强驾驶员安全驾驶技能培训。

CD 选项错误,案例中未提到该事故有候车人的问题存在,因此该选项错误。

E 选项正确,依据《安全生产法》,该事故公交企业安全生产管理人员应承担一定责任。
故本题选 ABE。

434. 某公交车辆 15 时左右,以 20km/h 驶出停车场时,将一自行车骑乘者老人撞倒,事故发生后驾驶员迅速通知了企业负责人,并将自行车骑乘者和后座上乘坐的孩子共 2 名受伤人员送到附近的医院。事故过程中受伤的老人晚上在转至县级医院过程中不幸死亡。对于死亡老人,公交企业与家属进行了"私下"协商,给予了远超出国家规定的经济赔偿,家属较为满意,企业就未向公安交通管理部门报告。

依据案例内容,下列说法正确的有(　　)。

A. 该公交车不存在超速行为
B. 事故发生后,驾驶员应立即向"120""122"报警,同时向单位报告
C. 事故发生后,驾驶员应保护现场,维护现场秩序,防止发生次生事故
D. 事故发生后,驾驶员应协助医护人员做好现场处理工作,并配合交警部门开展现场勘查及事故的善后处理工作
E. 该企业对死者的处理和瞒报,存在违法行为

正确答案:BCDE

【试题解析】

A 选项错误,该公交车以 20km/h 的速度驶出停车场。依据《城市公共汽电车客运服务规范》(GB/T 22484—2016)要求,停车场内限速 15km/h,出入口限速 5km/h。

BCD 选项正确,该事故是伤人交通事故。依据《城市公共汽电车应急处置基本操作规程》(JT/T 999—2015),驾驶员遇车辆发生伤人交通事故时,应立即向"120""122"报警,同时向单位报告;应保护现场,维护现场秩序,防止发生次生事故;应协助医护人员做好现场处

理工作,并配合交警部门开展现场勘查及事故的善后处理工作。

E 正确,案例中提到企业未向公安交通管理部门报告。依据《安全生产法》第一百一十条　生产经营单位的主要负责人在本单位发生生产安全事故时,不立即组织抢救或者在事故调查处理期间擅离职守或者逃匿的,给予降级、撤职的处分,并由应急管理部门处上一年年收入百分之六十至百分之一百的罚款;对逃匿的处十五日以下拘留;构成犯罪的,依照刑法有关规定追究刑事责任。生产经营单位的主要负责人对生产安全事故隐瞒不报、谎报或者迟报的,依照前款规定处罚。

故本题选 BCDE。

435.14 时左右,一辆公交车在行驶过程中,车尾突然冒烟,驾驶员立即靠边停车熄火,打开车门,使用车载灭火器进行扑救,待用灭火器将火情控制住后,开始疏散乘客,未造成人员伤亡。事后,驾驶员向单位报告了具体事件发生情况。

依据案例内容,下列说法正确的有(　　)。

A.事件发生后,驾驶员应立即靠边停车熄火,打开车门,迅速疏散乘客,关闭电源、燃油、燃气总开关
B.事件发生后,驾驶员应向"110""119"报警,同时向单位报告
C.该公交企业应对驾驶员加强此类突发事件的应急演练
D.该公交企业应对驾驶员加强安全教育培训
E.该事故公交企业安全生产管理人员无须负相关责任

正确答案:ABCD

【试题解析】

AB 选项正确,依据《城市公共汽电车应急处置基本操作规程》(JT/T 999—2015),驾驶员遇车辆自燃时,应立即靠边停车熄火,打开车门,迅速疏散乘客,关闭电源、燃油、燃气总开关;向"110""119"报警,同时向单位报告。

CD 选项正确,《城市公共汽电车应急处置基本操作规程》(JT/T 999—2015)要求应定期组织各项突发事件应急演练,应急演练的组织与实施应符合 AQ/T 9007 的规定。应加强安全管理制度建设与实施,定期开展对驾乘人员的安全教育培训,提高驾乘人员的安全防范意识和应急处置能力。

E 错误,依据《安全生产法》第二十五条规定,生产经营单位的安全生产管理机构以及安全生产管理人员有组织或者参与拟订本单位安全生产规章制度、操作规程和生产安全事故应急救援预案,组织或者参与本单位安全生产教育和培训,组织开展危险源辨识和评估,督促落实本单位重大危险源的安全管理措施等职责,企业车辆发生自燃事故,该企业的安全生产管理人员负有相关责任。

故本题选 ABCD。

436.上午 9 时 28 分许,某市公交车突然偏离行驶车道,跨越实线,与一辆正常对向行驶的小轿车相撞后,公交车失控撞断桥梁护栏后,坠入江中,最终造成连带公交车驾驶员 15 人

无一幸免,全部死亡。事故调查发现,由于在公交车行驶过程中,某乘客与公交车驾驶员发生肢体冲突,公交车驾驶员并未及时停车处理,最终导致该事故发生。

依据案例内容,下列说法正确的有(   )。

  A. 按照生产安全事故分类标准,该起事故属于一起一般事故
  B. 该公交企业应加强驾驶员安全应急教育培训
  C. 该公交企业应对驾驶员加强处理此类突发事件的应急演练
  D. 公交车应按照相关标准安装驾驶区防护隔离设施
  E. 该事故公交企业安全管理人员应承担相应责任

正确答案:BCDE

【试题解析】

A 选项错误,该事故造成 15 人死亡。《生产安全事故报告和调查处理条例》规定,特别重大事故是指造成 30 人以上死亡,或者 100 人以上重伤(包括急性工业中毒,下同),或者 1 亿元以上直接经济损失的事故。

BC 选项正确,该案例中提到乘客与公交车驾驶员发生肢体冲突,公交车驾驶员并未及时停车处理,处理欠妥,需要加强驾驶员安全应急教育培训,提高驾驶员处理此类问题的能力。

D 选项正确,该案例中提到乘客与公交车驾驶员发生肢体冲突,为避免今后乘客与公交驾驶员发生肢体冲突,应按照相关标准安装驾驶区防护隔离设施。

E 选项正确,依据《安全生产法》第二十五条规定,生产经营单位的安全生产管理机构以及安全生产管理人员有组织或者参与拟订本单位安全生产规章制度、操作规程和生产安全事故应急救援预案,组织或者参与本单位安全生产教育和培训等职责。

故本题选 BCDE。

437. 11 月 28 日早上 6 时 41 分许,李某驾驶一辆公交车由东向西行驶至某路口时,与由南向西左转弯骑自行车的王某发生事故,致王某当场死亡,两辆车不同程度受损。事故调查发现,当日公交车车辆前风窗玻璃有雪花,从而导致驾驶员视线受到影响。李某在当日准备出车前,未对车辆安全性能做检查,且未对车辆各类玻璃和镜面进行除霜,致使在事故发生时,李某并未注意到王某由南向西骑行过来。

依据案例内容,下列说法错误的有(   )。

  A. 按照生产安全事故分类标准,该起事故属于一起重大事故
  B. 该起事故中李某没有违反相关规定
  C. 王某应承担全部责任
  D. 秋冬季节行车,对公交车除了进行安全性能检查之外,还应对车辆各类玻璃及镜面进行除霜
  E. 该事故公交企业安全生产管理人员应承担一定责任

正确答案:ABC

【试题解析】

A 选项错误,该事故造成 1 人死亡。《生产安全事故报告和调查处理条例》规定,重大事故是指造成 10 人以上 30 人以下死亡,或者 50 人以上 100 人以下重伤,或者 5000 万元以上 1 亿元以下直接经济损失的事故。

B 选项错误,该案例中提到李某在当日准备出车前,未对车辆安全性能做检查,且未对车辆各类玻璃和镜面进行除霜。

C 选项错误,该案例中李某当日准备出车前未对车辆安全性能做检查、未对车辆各类玻璃和镜面进行除霜,致使李某因前风窗玻璃有雪花影响了其视线而未注意到王某,因此,李某应负主要责任。

D 选项正确,每次出车前,应对车辆进行安全性检查,将影响安全驾驶的因素排除。

E 选项正确,依据《安全生产法》第二十五条规定,生产经营单位的安全生产管理机构以及安全生产管理人员有组织或者参与拟订本单位安全生产规章制度、操作规程和生产安全事故应急救援预案,组织或者参与本单位安全生产教育和培训等职责。

故本题选 ABC。

438.13 时左右,一辆公交车与前方车辆发生追尾事故,造成 1 人死亡、4 人受伤的交通事故。事故调查发现,公交车驾驶员在行驶中未能与前方车辆保持一定的安全距离,强行超车占道,遇险时,想驶回本车道,但由于车速过快,制动措施不及时,造成与前方车辆发生追尾。该公交企业近 1 年未对驾驶员等从业人员开展安全教育培训。

依据案例内容,下列说法正确的有( )。

  A. 按照生产安全事故分类标准,该起事故属于一起一般事故

  B. 公交车驾驶员应遵守交通安全法律法规,规范操作,按规定车速驾驶,保持安全车距

  C. 该驾驶员不存在违章行为

  D. 该公交企业应加大对驾驶员的安全教育培训力度

  E. 该事故公交企业安全生产管理人员无须负相关责任

正确答案:ABD

【试题解析】

A 选项正确,该事故造成 1 人死亡、4 人受伤。《生产安全事故报告和调查处理条例》规定,一般事故是指造成 3 人以下死亡,或者 10 人以下重伤,或者 1000 万元以下直接经济损失的事故。

B 选项正确,《城市公共汽电车客运服务规范》(GB/T 22484—2016)第 12 部分运营安全中提到,驾驶员应遵守交通安全法律法规,规范操作,按规定车速驾驶,保持安全车距。

C 选项错误,该案例中提到驾驶员在行驶中未能与前方车辆保持一定的安全距离,强行超车占道,因此是存在违章行为的。

D 选项正确,该案例中提到该公交企业近 1 年未对驾驶员等从业人员开展安全教育培

训,因此应加大对驾驶员的安全教育培训力度。

E 选项错误,依据《安全生产法》第二十五条规定,生产经营单位的安全生产管理机构以及安全生产管理人员有组织或者参与本单位安全生产教育和培训等职责。

故本题选 ABD。

439. 2018 年 6 月,一名公交驾驶员在使用充电设备为车辆充电时,发生轻微爆炸,整个充电器被烧毁,幸无人员伤亡。事故调查后确定事故原因为电网至充电盒连接点松动导致等效阻抗过大引起过热。在事故调查中发现,当事企业未形成充电设施的巡查、检测与维护的记录,设施维护人员对电动汽车充电安全知识、岗位操作规程和紧急情况的处理方法掌握存在欠缺。

依据案例内容,下列说法正确的有(　　)。

A. 按照生产安全事故分类标准,该起事故属于一起一般事故
B. 企业应定期进行巡查、检测与维护,及时发现并处理设备运行过程中的异常情况,确保设备处于安全运行状态
C. 充电站内的充电作业、设备维护等人员应掌握电动汽车充电安全知识、岗位操作规程和紧急情况的处理方法,持证上岗
D. 该企业应加大对工作人员的安全生产教育和岗位技能培训
E. 该企业应做好维修和台账记录管理

正确答案:ABCDE

【试题解析】

A 选项正确,该事故未造成人员伤亡。《生产安全事故报告和调查处理条例》规定,一般事故是指造成 3 人以下死亡,或者 10 人以下重伤,或者 1000 万元以下直接经济损失的事故。

B 选项正确,《城市公共设施 电动汽车充换电设施运营管理服务规范》(GB/T 37293—2019)的 7.2 设施管理中提到,企业应定期进行巡查、检测与维护,及时发现并处理设备运行过程中的异常情况,确保设备处于安全运行状态。

C 选项正确,《城市公共设施 电动汽车充换电设施运营管理服务规范》(GB/T 37293—2019)中 7.3 人员管理中提到,充电站内的充电作业、设备维护等人员应掌握电动汽车充电安全知识、岗位操作规程和紧急情况的处理方法,持证上岗。

D 选项正确,该案例中提到设施维护人员对电动汽车充电安全知识、岗位操作规程和紧急情况的处理方法掌握存在欠缺,因此企业应加大对工作人员的安全生产教育和岗位技能培训。

E 选项正确,该案例中提到当事企业未形成充电设施的巡查、检测与维护的记录,因此企业应做好维修和台账记录管理。

故本题选 ABCDE。

第二部分

城市客运企业主要负责人
和安全生产管理人员安全考核管理办法

城市客运企业主要负责人和安全生产管理人员安全考核管理办法

第一条 为规范城市客运企业主要负责人和安全生产管理人员的安全生产知识和管理能力考核(以下简称安全考核),根据《中华人民共和国安全生产法》等法律法规,制定本办法。

第二条 城市客运企业主要负责人和安全生产管理人员的安全考核工作,应当遵守本办法。

第三条 城市客运企业是指从事城市公共汽电车运营、城市轨道交通运营、出租汽车(含巡游出租汽车、网络预约出租汽车)经营的法人单位。城市客运企业主要负责人指对本单位日常生产经营活动和安全生产工作全面负责、有生产经营决策权的人员,包括企业法定代表人、实际控制人,以及分支机构的负责人、实际控制人。

城市客运企业安全生产管理人员指企业(含分支机构)分管安全生产的负责人和专(兼)职安全生产管理人员。

第四条 城市客运企业主要负责人和安全生产管理人员安全考核工作应当坚持突出重点、分类实施、有序推进的原则。

第五条 交通运输部负责指导全国城市客运企业主要负责人和安全生产管理人员安全考核工作。

省级交通运输主管部门负责指导和监督本行政区域内经营的城市客运企业主要负责人和安全生产管理人员安全考核工作。

直辖市、设区的市级交通运输主管部门或城市人民政府指定的行业主管部门(以下统称市级行业主管部门)具体组织实施本行政区域内经营的城市客运企业主要负责人和安全生产管理人员安全考核有关工作。符合政府购买服务规定的,市级行业主管部门可通过政府购买服务方式,开展具体考核工作。考核不得收费。

第六条 城市客运企业主要负责人和安全生产管理人员应当在从事城市客运安全生产相关工作6个月内参加安全考核,并在1年内考核合格。在本办法实施前已从事城市客运安全生产相关工作的主要负责人和安全生产管理人员应当在本办法实施后1年内完成考核工作。

第七条 按照城市公共汽电车、城市轨道交通、出租汽车(含巡游出租汽车、网络预约出租汽车)等业务领域,对城市客运企业主要负责人、安全生产管理人员等两类人员分别开展安全考核。考核内容包括:城市客运安全生产相关法律法规、规章制度和标准规范,城市客运企业安全生产主体责任,城市客运企业安全生产管理知识,城市客运安全生产实务等。

第八条 交通运输部负责组织编制和公开发布安全考核大纲和安全考核基础题库,并根据有关法律法规对题库进行动态更新。市级行业主管部门可根据当地城市客运安全生产相关地方性政策法规及标准规范,组织编制城市客运安全生产地方性考核大纲和地方题库。

第九条 城市客运企业主要负责人和安全生产管理人员应当按照考核要求,经所属企业同意,向属地市级行业主管部门提交考核申请,并在规定的时间、地点完成安全考核工作。城市客运企业主要负责人和安全生产管理人员应根据企业经营范围及岗位职责,选择考核相应业务领域。

城市客运企业主要负责人和安全生产管理人员提交考核申请资料的真实性由本人及其所属企业负责。

第十条 城市客运企业主要负责人和安全生产管理人员安全考核采用闭卷考核方式。鼓励各地采用无纸化考核,暂不具备条件的,可采用纸质试卷考核。试卷考核题型为客观题,总分值为100分,80分及以上即为考核合格。交通运输部组织开发组卷考核客户端软件,供各地免费使用。

第十一条 试卷题目包括公共部分和专业部分。其中,公共部分试题从基础题库中公共部分随机抽取;专业部分试题按照参加考核人员所选择的业务领域,从基础题库中相应业务领域随机抽取。编制有地方题库的,可从地方题库中随机抽取试题,分值占比不超过总分的10%。

第十二条 属地市级行业主管部门应于考核结束后20个工作日内,在政府部门网站专栏公布考核合格的城市客运企业主要负责人和安全生产管理人员信息,包括人员姓名、身份证号(脱敏后)、所属企业名称、考核业务领域、考核合格结果有效期等。参加考核人员可以向属地市级行业主管部门查询考核成绩。相同业务领域的考核合格结果在全国范围内有效,不得重复进行考核。

第十三条 市级行业主管部门应当结合本地实际制定年度考核安排,并提前30天向社会公开发布,原则上每季度组织一批次考核。

第十四条 各省级交通运输主管部门于每年3月底前将上一年度本行政区域内经营的城市客运企业主要负责人和安全生产管理人员安全考核工作执行情况、本行政区域内经营的城市客运企业主要负责人和安全生产管理人员名单及安全考核通过情况汇总报交通运输部。

第十五条 城市客运企业主要负责人和安全生产管理人员安全考核合格且在有效期内,不再从事原岗位工作的,所属企业应当在1个月内向属地市级行业主管部门报告人员离岗情况;另择企业从事同类型岗位工作的,本人应当在入职后1个月内向所在地市级行业主管部门登记企业信息和安全考核情况。

第十六条 城市客运企业主要负责人和安全生产管理人员安全考核合格结果自公布之日起,3年内有效。

安全考核合格结果有效期到期前3个月内,相关人员可以向属地市级行业主管部门提出延期申请。属地市级行业主管部门应当在受理申请后 15 个工作日内,对其依法履行安全生产管理职责情况进行核实。不存在未履行法定安全生产管理职责受到行政处罚或导致发生运输安全事故等情形的,安全考核合格结果有效期应当予以延期 3 年。属地市级行业主管部门应通过网站等渠道公布延期结果。

第十七条 城市客运企业主要负责人和安全生产管理人员有下列情况的,原考核合格结果作废。

(一)因存在未履行法定安全生产管理职责受到行政处罚或导致发生运输安全事故的;

(二)城市轨道交通运营企业主要负责人和安全生产管理人员因安全管理不到位导致发生列车脱轨、列车撞击、乘客踩踏、淹水倒灌等造成人员伤亡或较大社会影响事件的;

(三)超过考核合格结果有效期 180 天未申请延期的。

考核合格结果作废后,继续从事企业安全生产管理工作的,应在 6 个月内完成考核工作。

第十八条 城市客运企业主要负责人和安全生产管理人员未按照本办法规定进行安全考核并取得安全考核合格的,应当按照《中华人民共和国安全生产法》等相关法律法规的规定进行处理。

第十九条 省级交通运输主管部门可根据本地实际,制定城市客运企业主要负责人和安全生产管理人员安全考核管理细则。

第二十条 本办法自 2023 年 1 月 1 日起施行。

附件

城市客运企业主要负责人和安全生产管理人员安全考核大纲

一、考核目的

贯彻落实《中华人民共和国安全生产法》等法律法规,提升城市客运企业安全生产管理水平,考核城市客运企业主要负责人和安全生产管理人员对安全生产管理知识掌握程度与安全生产管理能力。

二、考核对象

城市公共汽电车客运运营企业、城市轨道交通运营企业、出租汽车企业(含巡游出租汽车企业、网络预约出租汽车平台公司)的主要负责人和安全生产管理人员。

三、考核范围

城市客运安全生产相关法律法规、规章制度和标准规范,城市客运企业安全生产主体责任,城市客运企业安全管理知识,城市客运安全生产实务等内容。

四、考核方法

(一)考核方式。

采用计算机或纸质试卷闭卷考核方式,考核时间为90分钟。

(二)考核合格标准。

考核试题总分值为100分,考核合格标准为80分及以上。

(三)试卷组卷原则。

1.试题类型包括:单项选择题、多项选择题、判断题和案例题,全部为客观题。题型数量及分值见下表。

题 型	数量(个)	分值(分)	合计(分)
单项选择题	50	1	50
多项选择题	10	2	20
判断题	25	1	25
案例题	1	5	5

2.试卷题目包括公共部分和专业部分,试卷组卷比例见下表。

分值占比 考核人员	公共部分			专业部分		合 计
	城市客运安全生产法律法规、规章制度和标准规范	城市客运企业安全生产主体责任	城市客运企业安全管理知识	各领域安全生产法规政策及标准规范	各领域安全生产实务	
企业主要负责人	20%	30%	20%	20%	10%	100%
企业安全生产管理人员	15%	15%	10%	30%	30%	100%

3.城市客运企业主要负责人和安全生产管理人员报名考核时,应根据企业经营范围及岗位职责选择相应业务领域。试卷题目专业部分从题库中的相应业务领域随机抽取。

五、公共部分考核内容

(一)城市客运安全生产相关法律法规。

1.城市客运安全生产相关法律及要求。

1.1 《中华人民共和国安全生产法》。

熟悉法律适用范围,掌握安全生产政策,掌握安全生产经营单位的安全生产权利、义务和法律责任等。

1.2 《中华人民共和国刑法》。

熟悉交通肇事罪、重大责任事故罪、重大劳动安全事故罪、不报及谎报安全事故罪的犯罪构成要件,掌握《中华人民共和国刑法》及修正案中涉及城市客运领域安全管理的有关规定等。

1.3 《中华人民共和国消防法》。

熟悉消防安全工作政策,掌握消防工作责任及管理制度,掌握火灾预防要求等。

1.4 《中华人民共和国突发事件应对法》。

了解突发事件定义,掌握突发事件应对工作原则,熟悉预防与应急准备、应急处置与救援,了解企业法律责任等。

1.5 《中华人民共和国反恐怖主义法》。

了解恐怖活动组织和人员的认定,掌握涉及城市客运的防范要求及应对处置,熟悉涉及城市客运反恐法律责任等。

1.6 《中华人民共和国民法典》。

了解民事主体各方的权利和义务,以及发生侵权时应当承担的侵权责任,熟悉城市客运领域合同管理要求,掌握运输合同、租赁合同所规定的权利、义务、法律责任。

1.7 《中华人民共和国职业病防治法》。

了解职业病定义,熟悉职业病防治工作原则,掌握用人单位的主要职责、职业病预防要求,掌握用人单位法律义务,了解法律责任等。

1.8 《中华人民共和国劳动法》。

熟悉职业培训和安全防护要求,掌握违反相关规定应承担的法律责任等。

1.9 《中华人民共和国治安管理处罚法》。

了解扰乱公共秩序、妨害公共安全、侵犯司乘人身及财产权利、妨害社会管理等涉及城市客运的违反治安管理行为的有关规定。

1.10 其他城市客运安全生产相关法律及要求。

2.城市客运安全生产相关行政法规、政策及要求。

2.1 《生产安全事故报告和调查处理条例》。

掌握生产安全事故等级划分,掌握生产安全事故报告要求、内容和应对措施,熟悉事故调查处理等。

2.2 《生产安全事故应急条例》。

掌握生产安全事故应急工作的应急准备、应急救援相关规定,以及企业应承担的法律责任。

2.3 《中共中央 国务院关于推进安全生产领域改革发展的意见》。

熟悉《中共中央 国务院关于推进安全生产领域改革发展的意见》有关城市客运安全生产相关要求。

2.4 其他城市客运安全生产相关行政法规、政策及要求。

3.城市客运安全生产相关部门规章、规范性文件及要求。

3.1 《生产安全事故应急预案管理办法》。

掌握应急预案编制、评审、公布、备案、实施等相关规定,以及企业应承担的法律责任等。

3.2 《交通运输突发事件应急管理规定》。

掌握交通运输突发事件的应急准备、监测与预警、应急处置、终止与善后等内容相关规定。

3.3 《企业安全生产费用提取和使用管理办法》。

掌握企业安全生产费用提取标准和使用,熟悉企业安全生产费用使用范围,熟悉安全生产费用的监督管理等。

3.4 《机关、团体、企业、事业单位消防安全管理规定》。

掌握应当履行的消防安全职责,掌握消防安全管理要求,熟悉防火检查、火灾隐患整改、消防宣传教育培训、灭火和应急疏散演练等。

3.5 其他城市客运安全生产规章、规范性文件及要求。

4.城市客运安全生产相关标准规范及要求。

4.1 《交通运输企业安全生产标准化建设基本规范 第1部分:总体要求》。

了解交通运输企业安全生产标准化建设的基本要求和通用要求。

4.2 其他城市客运安全生产标准规范及要求。

(二)城市客运企业安全生产主体责任。

5. 城市客运企业安全生产主体责任。

5.1 掌握安全生产责任体系和主要内容。

5.2 掌握企业应当建立的安全生产管理制度。

5.3 掌握企业安全生产管理机构的设置和安全生产管理人员的配备要求。

5.4 掌握企业建立健全全员安全生产责任制的相关要求。

5.5 掌握企业从业人员、驾驶员的安全培训教育要求。

5.6 掌握企业主要负责人和安全生产管理人员的安全职责及相关法律责任。

5.7 掌握企业对营运车辆管理的相关要求。

5.8 掌握突发事件应急处置预案及应急处置程序。

5.9 掌握企业安全生产的目标构成、评价和考核。

5.10 熟悉安全生产检查类型、内容、方法和工作程序。

5.11 熟悉职业健康安全管理内容和要求。

5.12 熟悉城市客运企业安全生产信用管理要求。

5.13 熟悉其他涉及企业安全生产主体责任要求。

(三)城市客运企业安全管理知识。

6. 城市客运安全基础理论。

6.1 了解海因里希事故因果理论及事故发生机理。

6.2 熟悉城市客运安全生产特点。

6.3 熟悉驾驶员等生理心理特征对城市客运安全的影响。

6.4 了解各类安全设施对城市客运安全的影响。

6.5 掌握雨雪冰雾等恶劣天气对城市客运安全的影响。

7. 城市客运企业安全风险管控。

7.1 了解风险管理等概念,熟悉风险管理目标和内容。

7.2 掌握城市客运企业安全风险辨识、评估和管控措施。

8. 城市客运企业隐患排查治理。

8.1 熟悉企业隐患排查治理原则,掌握隐患排查与治理的内容和程序。

8.2 掌握城市客运企业隐患排查内容。

9. 应急处置与救援。

9.1 熟悉应急救援体系构成和响应程序。

9.2 掌握应急预案编制程序、基本内容。

9.3 熟悉应急物资储备情况。

9.4 熟悉应急预案实施与演练。

9.5 掌握极端天气、突发事件应急处置流程与措施。

9.6 掌握车辆火灾等常见突发事件应急处置与救援方法。

10. 事故报告与分析。

10.1 熟悉生产安全事故等级划分依据。

10.2 熟悉事故调查原则及要求。

10.3 掌握事故调查报告内容、要求、报告框架等。

10.4 掌握事故处理原则,了解事故报告和处理过程中违反规定应承担的法律责任,掌握事故发生单位主要负责人未依法履行安全生产管理职责导致事故发生的处罚规定等。

六、专业部分考核内容

第一部分　城市公共汽电车

(一)城市公共汽电车安全生产法规政策及标准规范。

11. 城市公共汽电车安全生产相关法规规章、规范性文件及要求。

11.1 《中华人民共和国道路交通安全法》。

熟悉机动车登记、检验、交通事故强制责任保险和机动车驾驶证等管理制度及道路交通安全行政处罚,掌握道路交通事故的概念、特点、事故处理和事故损害赔偿原则等。

11.2 《中华人民共和国道路交通安全法实施条例》。

熟悉交通肇事逃逸和故意破坏、伪造现场、毁灭证据的事故当事人责任;掌握与机动车有关的道路通行规定、交通事故当事人自行协商处理的适用情形及基本要求等。

11.3 《国务院关于城市优先发展公共交通的指导意见》。

熟悉《国务院关于城市优先发展公共交通的指导意见》有关城市公共汽电车安全生产相关要求。

11.4 《城市公共汽车和电车客运管理规定》。

掌握城市公共汽车和电车运营相关管理规定,熟悉城市公共汽电车运营安全相关规定,以及城市公共汽电车运营应承担的法律责任等。

11.5 《机动车强制报废标准规定》。

掌握车辆强制报废的相关要求。

11.6 其他城市公共汽电车安全生产法规规章、规范性文件及要求。

12. 城市公共汽电车安全生产相关标准规范及要求。

12.1 《机动车运行安全技术条件》。

熟悉车辆安全管理及技术要求。

12.2 《城市公共汽电车客运服务规范》。

了解城市公共汽电车运营安全相关要求。

12.3 《城市公共汽电车应急处置基本操作规程》。

了解城市公共汽电车应急处置基本操作规程的相关要求。

12.4 《城市公共汽电车突发事件应急预案编制规范》。

了解城市公共汽电车突发事件应急预案编制的相关要求。

12.5 《城市公共汽电车运营安全管理规范》。

了解城市公共汽电车运营安全管理的相关要求。

12.6 《交通运输企业安全生产标准化建设基本规范 第14部分:城市公共汽电车客运企业》。

了解城市公共汽电车客运企业安全生产标准化建设的相关要求。

12.7 《城市公共汽电车车辆专用安全设施技术要求》。

了解城市公共汽电车车辆专用安全设施的相关要求。

12.8 《城市公共设施 电动汽车充换电设施运营管理服务规范》。

了解电动汽车充换电设施运营管理相关要求,掌握安全与应急管理等相关要求。

12.9 其他城市公共汽电车安全生产主要技术标准与工作规范。

(二)城市公共汽电车安全生产实务。

13. 城市公共汽电车安全生产实务。

13.1 掌握驾驶员、乘务员的招聘、岗前培训、安全教育培训及考核、驾驶员应急驾驶操作、驾驶员档案管理等内容及管理要求。

13.2 掌握车辆及车上安全设施管理要求。

13.3 熟悉车辆维护、保险、报废、档案等管理要求。

13.4 熟悉驾驶员、乘务员等岗位操作规程。

第二部分 城市轨道交通

(一)城市轨道交通安全生产法规政策及标准规范。

14. 城市轨道交通安全生产相关行政法规、政策及要求。

14.1 《国务院办公厅关于保障城市轨道交通安全运行的意见》。

掌握城市轨道交通前期规划建设阶段运营安全风险防控要求、运营安全管理、公共安全防范、应急处置等基本要求。

14.2 《国家城市轨道交通运营突发事件应急预案》。

掌握城市轨道交通运营突发事件组织指挥体系、监测预警和信息报告机制,以及应急响应和处置等基本要求。

14.3 其他城市轨道交通安全生产相关行政法规、政策及要求。

15. 城市轨道交通安全生产相关部门规章、规范性文件及要求。

15.1 《城市轨道交通运营管理规定》。

熟悉城市轨道交通运营管理制度要求,掌握运营基础要求、安全支持保障、应急处置、保护区管理、信息安全管理、安全生产经费投入等基本要求。

15.2 《城市轨道交通运营安全风险分级管控和隐患排查治理管理办法》。

熟悉城市轨道交通运营各业务板块主要风险点、风险描述、管控措施,熟悉企业风险数据库管理要求、风险等级划分办法和管理要求。掌握城市轨道交通隐患分级、隐患排查频率要求、隐患排查手册等内容,熟悉城市轨道交通运营企业重大隐患治理基本要求。

15.3 《城市轨道交通行车组织管理办法》。

熟悉城市轨道交通正常行车、非正常行车和施工行车等作业的基本要求。

15.4 《城市轨道交通客运组织与服务管理办法》。

熟悉城市轨道交通客运组织、客运服务的基础要求,以及乘客行为规范要求。

15.5 《城市轨道交通设施设备运行维护管理办法》。

掌握城市轨道交通设施设备运行监测、维护、更新改造相关要求,熟悉设施设备对城市轨道交通运营安全的影响。

15.6 《城市轨道交通运营突发事件应急演练管理办法》。

熟悉城市轨道交通运营突发事件应急演练的内容、方式、频率要求和评估机制等。

15.7 《城市轨道交通运营险性事件信息报告与分析管理办法》。

掌握城市轨道交通险性事件定义、信息报告时限、流程、内容等相关要求,熟悉险性事件技术分析内容、要求和报告编制基本要求等。

15.8 《城市轨道交通初期运营前安全评估管理暂行办法》。

掌握城市轨道交通初期运营前安全评估的基本流程,熟悉评估的前提条件和实施要求等。

15.9 《城市轨道交通正式运营前和运营期间安全评估管理暂行办法》。

熟悉城市轨道交通正式运营前和运营期间安全评估的评估条件和实施要求等。

15.10 其他城市轨道交通安全生产规章、规范性文件及要求。

16. 城市轨道交通安全生产相关标准规范及要求。

16.1 《城市轨道交通初期运营前安全评估技术规范 第1部分:地铁和轻轨》。

掌握城市轨道交通初期运营前安全评估的基本要求。

16.2 《城市轨道交通正式运营前安全评估规范 第1部分:地铁和轻轨》。

掌握城市轨道交通正式运营前安全评估的基本要求。

16.3 《城市轨道交通运营期间安全评估规范》。

掌握城市轨道交通运营期间安全评估的基本要求。

16.4 《城市轨道交通信号系统运营技术规范(试行)》。

掌握城市轨道交通信号系统总体以及各子系统技术要求。

16.5 《城市轨道交通自动售检票系统运营技术规范(试行)》。

掌握城市轨道交通自动售检票系统网络安全、应用软件安全、数据安全等基本要求。

16.6 《城市轨道交通运营应急能力建设基本要求》。

了解城市轨道交通运营应急处置机构、应急预案、应急救援队伍、应急物资和演练等基本要求。

16.7 《交通运输企业安全生产标准化建设基本规范 第15部分:城市轨道交通运营企业》。

了解城市轨道交通运营企业安全生产标准化建设的基本要求。

16.8 其他城市轨道交通安全生产主要技术标准与工作规范。

(二)城市轨道交通安全生产实务。

17. 城市轨道交通安全生产实务。

17.1 掌握城市轨道交通运营调度指挥、列车运行控制、行车作业、空车轧道、线网停运机制等行车基本要求。

17.2 掌握城市轨道交通运营线路施工作业方案制定与审核、请销点、旁站监督等基本要求。

17.3 掌握车站作业、大客流处置及客流疏导、乘客管理、客伤处置等客运组织基本要求。

17.4 掌握城市轨道交通保护区划定范围、巡查职责、动态监测、作业管理等基本要求。

17.5 掌握城市轨道交通设施监测养护、设备运行维修与更新改造等基本要求。

17.6 掌握城市轨道交通从业人员健康检查、心理疏导、不良记录管理等基本要求。

17.7 掌握对恶劣天气、地质灾害、公共卫生等外部因素的风险管控、隐患排查治理、监测预警、协同联动、应急处置等基本要求。

17.8 熟悉列车脱轨等15类主要运营险性事件应急处置与救援、与外单位协同联动机制等基本要求。

第三部分 出租汽车

(一)出租汽车安全生产法规政策及标准规范。

18. 出租汽车安全生产相关法规规章、规范性文件及要求。

18.1 《中华人民共和国道路交通安全法》。

熟悉机动车登记、检验、交通事故强制责任保险和机动车驾驶证等管理制度及道路交通安全行政处罚,掌握道路交通事故的概念、特点、事故处理和事故损害赔偿原则等。

18.2 《中华人民共和国道路交通安全法实施条例》。

熟悉交通肇事逃逸和故意破坏、伪造现场、毁灭证据的事故当事人责任;掌握与机动车有关的道路通行规定、交通事故当事人自行协商处理的适用情形及基本要求等。

18.3 《国务院办公厅关于深化改革推进出租汽车行业健康发展的指导意见》。

掌握出租汽车经营行为要求以及企业相关责任。

18.4 《巡游出租汽车经营服务管理规定》。

掌握巡游出租汽车经营者、车辆、驾驶员应符合的基本条件、运营服务要求、安全管理要求以及应承担的法律责任等。

18.5 《网络预约出租汽车经营服务管理暂行办法》。

掌握网络预约出租汽车经营者、车辆、驾驶员应符合的基本条件、经营行为、安全管理要求以及应承担的法律责任等。

18.6 《出租汽车驾驶员从业资格管理规定》。

掌握出租汽车驾驶员考试、注册、继续教育和从业资格证件管理有关要求以及应承担的法律责任等。

18.7 《机动车强制报废标准规定》。

掌握车辆强制报废的相关要求。

18.8 其他出租汽车安全生产法规规章、规范性文件及要求。

19. 出租汽车安全生产相关标准规范及要求。

19.1 《机动车运行安全技术条件》。

熟悉车辆安全管理及技术要求。

19.2 《出租汽车运营服务规范》。

了解出租汽车运输车辆、服务人员、服务流程、运输安全等相关要求。

19.3 《巡游出租汽车运营服务规范》。

了解巡游出租汽车经营者、服务人员、车辆、服务站点、运营服务等相关要求。

19.4 《网络预约出租汽车运营服务规范》。

了解网络预约出租汽车经营者、驾驶员、运输车辆、服务流程等相关要求。

19.5 《道路运输驾驶员技能和素质要求 第3部分:出租汽车驾驶员》。

了解出租汽车驾驶员基本素质、专业知识、专业技能等相关要求。

19.6 《城市公共设施 电动汽车充换电设施运营管理服务规范》。

了解电动汽车充换电设施运营管理相关要求,掌握安全与应急管理等相关要求。

19.7 其他出租汽车安全生产主要技术标准与工作规范。

(二)出租汽车安全生产实务。

20. 出租汽车安全生产实务。

20.1 掌握出租汽车驾驶员招聘、岗前培训、安全教育培训及考核、驾驶员应急驾驶操作、驾驶员档案管理等内容及管理要求。

20.2 掌握出租汽车及车上安全设施管理要求。

20.3 熟悉车辆维护、保险、报废、档案等管理要求。

20.4 熟悉出租汽车驾驶员的岗位操作规程。